Yves Congar

Im Geist und im Feuer

Yves Congar

Im Geist und im Feuer

Glaubensperspektiven

Herder
Freiburg · Basel · Wien

Titel der Originalausgabe:
Appelés à la vie.

Deutsche Übersetzung von
DR. WERNER MÜLLER

Umschlagbild: Benedict Schmitz

Herstellung: Freiburger Graphische Betriebe 1987
ISBN 3-451-20802-4

Inhalt

Einleitung

Laßt Gott Gott sein oder Yves Congar und das Gebet

Père Congar spricht nur ungern von sich selbst. Sein Leben als Theologe im Dienst der Kirche ist unermüdliches Schaffen, an dem auch eine angegriffene Gesundheit kaum etwas geändert hat – das Leben eines echten Dominikaners, das ganz dem intellectus fidei, dem vernunftgemäßen Verstehen des Glaubens gewidmet ist.

Seine Untersuchungen haben in erster Linie die Kirche zum Gegenstand, die sogenannte Ekklesiologie; auf diesem Gebiet hat er in streng wissenschaftlicher Bemühung beharrlich Wege zur Einheit der getrennten Christen gesucht und vorbereitet. Einander kennen und anerkennen – besonders im Hinblick auf die Kirchen der Reformation –, das war das Grundprinzip des Ökumenismus, des großen Atems, der für P. Congar von Jugend an bestimmend war und auf dem Zweiten Vatikanischen Konzil greifbare Ergebnisse gezeitigt hat. Historische Forschungen und gründliches Wissen kennzeichnen seine Arbeit, aber auch die tiefe, schöpferische Geistigkeit eines Menschen, der in seiner Liebe und

Treue zur Kirche trotz der Schläge, die Vorkämpfer oft einstecken müssen, beispielhaft ist.

In dem Buch „La Théologie au service du peuple de Dieu" (Die Theologie im Dienst des Gottesvolkes), das Jean-Pierre Jossua 1967 über ihn geschrieben hat[1], füllte die Bibliographie P. Congars (Bücher, Studien und Artikel) schon über 50 Seiten! Die Liste ist inzwischen natürlich noch länger geworden, und P. Congar hat vor wenigen Jahren sein großes Werk über den Heiligen Geist[2] veröffentlicht.

Die sogenannte „Charismatische Bewegung", der sein Interesse gilt, scheint ihm eine – wenn auch nicht die einzige – der Erscheinungsformen zu sein, in denen sich das Wehen des Heiligen Geistes in der Kirche unserer Tage äußert, wenn auch der Gebetsstil ihrer Anhänger nicht der seine ist. „Ich kann nicht anderthalb Stunden lang Halleluja singen", sagt er mit einem Lächeln. „Ich stamme aus den Ardennen, doch für mich ist das Gebet untrennbar mit der theologischen Arbeit verbunden als ihre Kehrseite."

Beten, um beten zu lernen

Yves Congar ist in Sedan geboren. Seine Kindheit in den Ardennen war geprägt vom Krieg 1914–1918 – bei dessen Ausbruch er 10 Jahre alt war –, vom Erleben menschlichen Elends und des Todes und von einem starken Patriotismus. Als Kind wollte er zunächst Arzt werden; dann zeigte sich immer deutlicher seine Berufung zum Priestertum in dem Wunsch, daß die Menschen sich ändern und Frankreich sich bekehrt und zu Gott zurückfindet. Mit Humor erinnert er sich noch an den religiösen Eifer, der bei seiner Schwester und bei ihm am Tag vor ihrer Erstkommunion so groß war, daß sie die Buddhafiguren zerstörten, die ihre älteren Brüder ganz hinten im Garten aus Sand modelliert hatten. „Das war Polyeuktos bei der Zerstörung der Götzenbilder!"

Schon vor seinem Eintritt ins Kloster lernte er in Paris als Seminarist die strengen geistlichen Übungen kennen, die damals in den Seminarien gang und gäbe waren. Dabei betete er „um die Gnade des Gebetes". Seit seinem Eintritt ins Noviziat der Dominikaner hat er sich zeitlebens einer Vorliebe für das monastische Leben bewahrt, das er 1919 während eines Aufenthalts bei den Benediktinern von St. Wandrille entdeckt hatte, die damals im belgischen Exil in einem provisorischen Kloster lebten:

„Da habe ich eigentlich erst das Gebet entdeckt, wie es die Mönche, so gut sie konnten, in einer Art Glashaus mit spärlicher Ausstattung lebten. Und ich feiere alljährlich am 6. August das Gedächtnis des Tages, an dem ich in dieser Abtei eingetroffen bin zur ersten Vesper des Festes der Verklärung des Herrn, das für mich mit etwas Entscheidendem in meinem Leben verbunden ist."

Studium und liturgische Feier

Die Liturgie der Dominikaner, wie man sie damals im Noviziat und später im Studienhaus von Le Saulchoir feierte, war ebenfalls sehr monastisch.

„Ich bin fest davon überzeugt", sagte P. Congar, „daß ein gewisser monastischer Geist zur Berufung des Dominikaners gehört. Das scheint im Leben des heiligen Dominikus offensichtlich zu sein, der in Spanien ja lange Regularkanoniker war, wie auch im Leben des heiligen Thomas von Aquin, der mit sechs Jahren im Kloster Monte Casino Gott geweiht wurde und dort bis zum Alter von 14 Jahren blieb; und auch im Leben P. Lacordaires, bei dem diese Seite besonders stark in Erscheinung trat. Ich glaube, mit diesem Geist ginge auch ein wesentliches Element unsrer dominikanischen Identität verloren.

Während meiner Zeit als junger Dominikaner in Le Saulchoir hielten wir fast das ganze Jahr über das nächtliche Chorgebet und dann vom Morgen an die kanonischen Tageszeiten: Laudes, Prim, Terz, Sext, Non, Vesper und Komplet. Das geistige Leben mitsamt dem Theologiestudium war mit dem Stundengebet verknüpft. Ich habe es so gelebt und diese Überzeugung und diese Praxis nie aufgegeben. Die theologische Arbeit, der ich mein ganzes Leben gewidmet habe, ausgenommen die Unterbrechungen durch Krieg und Gefangenschaft – ich habe 7 Jahre die Uniform getragen! –, läßt sich von meiner liturgischen Praxis nicht trennen. Für mich ist es ganz wesentlich, die Glaubensgeheimnisse auch zu ‚feiern', die Gegenstand meiner wissenschaftlichen Arbeit sind; für mich stellt beides eine Einheit dar.

Die Psalmen, eine Schule des Betens

Das Chorgebet besteht hauptsächlich aus Psalmen. Sie haben in meinem Leben eine große Rolle gespielt und spielen sie noch. Sie sind für mich wie ein Strom, der mich trägt. Daß die Kirche sich von Anfang an, um ihre Priester, Ordensleute und alle Gläubigen zum Beten anzuhalten, der Psalmen bedient hat, die als jüdische Gebete in der Zeit zwischen David und nachexilischer Zeit, also im Laufe von sechs- oder siebenhundert Jahren abgefaßt worden sind, ist doch etwas Großartiges. Seit einiger Zeit bin ich gegen die Fluchpsalmen ein wenig allergisch geworden, wiewohl man ihnen einen übertragenen, geistlichen Sinn beilegen kann. Doch wenn man sich die Psalmen erschließen will, darf man sich von ihren Schwierigkeiten nicht abschrecken lassen: sie sind Ausdruck und zugleich Schule des Betens, Lieder des Gottesvolkes, das durch alle Zeiten hindurch bekennt: ‚Mein Gott bist du, was mir auch geschehen mag.'

Manchmal sind die Lebensumstände so, daß sie Anlaß zur Freude bieten: Freude am Leben, über gute Ernten und – vor allem in den so schönen Wallfahrtsliedern – Freude darüber, nach Jerusalem hinaufzuziehen, um den Herrn zu feiern. Zu Gott ‚hinaufzuziehen' bedeutet keine bloße Ortsveränderung, sondern eine Erneuerung des Herzens und die Freude, Gott zu dienen: ‚Wie liebenswert ist deine Wohnung, Herr ... ein einziger Tag in den Vorhöfen deines Heiligtums ist besser als tausend andere' (Ps 84,2.11).

In Bedrängnis

Manchmal führen die Lebensumstände auch in Bedrängnis. Dann ergehen in den Psalmen Hoffnungs- und Hilferufe, vor allem in jenen außergewöhnlichen Psalmen Davids auf der Flucht vor Saul; sie werden zu Psalmen der Angst, aus denen aber zugleich Gottvertrauen spricht: ‚Nahe ist der Herr den zerbrochenen Herzen.'

Oder gar der berühmte Psalm 22, dessen ersten Vers Jesus am Kreuz gebetet hat: ‚Mein Gott, mein Gott, warum hast du mich verlassen?' – ein messianischer Psalm, den Jesus am Kreuz, wie ich glaube, wenigstens im Herzen bis zu Ende gesprochen hat.

Oder auch Psalm 119, der in jedem seiner Verse den Willen Gottes, seine Weisungen und sein Gesetz vor Augen hat und den man nicht realistisch auslegen darf, sondern theo-logisch verstehen muß wie ein Kaleidoskop, in dem ein und dasselbe Bild in immer neuen Abwandlungen erscheint. Hier spricht jemand, der aus der Einheit mit Gott heraus lebt und immer wieder zu dem Schluß kommt: ‚Mein Gott bist du, mein Gott wirst du sein über alles.'

Beten heißt Gott anerkennen

Laßt Gott Gott sein – diese Formel schätze ich sehr, denn sie sagt wirklich, worum es im Gebet geht: Beten heißt in unserem Leben verwirklichen, daß Gott Gott ist. Das war die Inschrift, die man in englischer Sprache – „let God be God" – bei einer Sitzung des Ökumenischen Rats der Kirchen auf großen Spruchbändern an der Wand angebracht hatte. Gewiß, Gott ist in sich schon Gott und hat uns nicht nötig. Doch wir können erreichen, daß Gott auch außerhalb seiner selbst – in uns, in den anderen, in der Gesellschaft – Gott ist. Das ist immer die große Frage: Wieso gibt es Seiendes außerhalb des Seins? – Nur durch Teilhabe an seinem Sein. Und beten heißt dies anerkennen.

Wenn wir beten, erkennen wir an, daß Gott der Herr ist und wir von ihm abhängig sind. Wer sind wir denn auch? Was stellt schon das menschliche Leben im Universum dar? Warum angesichts Milliarden von Sternen und zahlloser Milchstraßen dieser Lebenshauch, der den Menschen mit Bewußtsein erfüllt, der Geschöpfe entstehen läßt, die abhängig von Gott, aber nach seinem Bild geschaffen sind?

Das Gebet ist in erster Linie ein Geschenk Gottes an uns, denn er kennt uns, bevor wir ihn erkennen. Zuerst kommt er, dann wir.

Doch immer stehen wir in der Versuchung, Gott nicht Gott sein zu lassen, sondern uns an seine Stelle zu setzen. Wir können uns Gott verweigern, aber auch bewirken, daß er Gott ist.

In einer (französischen) ökumenischen Bibelübersetzung ist die Vater-unser-Bitte ‚Geheiligt werde dein Name' mit ‚Du mögest als Gott anerkannt werden' übersetzt. Das ist keine wörtliche Übersetzung, sie gibt aber gut den genauen Sinn dieser Bitte wieder. Als Christen beten wir doch, daß der Vater Vater sein soll, indem wir ihn mit dem zärtlich-vertrauten Ausdruck anrufen, den Jesus selbst verwendet hat: ‚Abba, Vater!'

Wir wissen nicht, wie Jesus gebetet hat, aber an

zwei, drei Stellen leuchtet etwas davon auf: ,Ich preise dich, Vater' – es ist, wie aus dem Kontext hervorgeht (Lk 10,21), ein Freudenruf im Heiligen Geist – ,Vater, ich danke dir, daß du mich erhört hast' (Joh 11,41) oder: ,Ich preise dich, daß du dies den Kleinen offenbart hast und nicht den Weisen und Klugen.' Das nächtliche Beten Jesu war sicher ein Gebet zum Vater. Und im Augenblick der Todesangst hören wir sein Echo: ,Nicht mein, sondern dein Wille!'

Sich mit dem Willen Gottes vereinen

Das liturgische Gebet ist für mich die Grundlinie, die meinem Leben Richtung gibt. Das persönliche Gebet kann viele Gesichter haben: die Form des ,Stoßgebetes', in dem man, was immer man tut oder wo immer man geht und steht, einzelne Rufe zu Gott emporsendet. In einem kurzen Augenblick kann man sich die „vertikale Dimension" bewußtmachen und damit unsrer ganzen „horizontalen Dimension" eine andre Atmosphäre verleihen, gleichsam wie eine Lerche, die in den Himmel emporsteigt. Andere Formen sind die Betrachtung der Heiligen Schrift und das innere Gebet, in dem sich unser ganzes Sein vor Gott versammelt. Das innere Gebet kann je nach persönlicher Berufung, Charakter und Erfahrung verschiedene Formen annehmen.

Es gibt Menschen, deren inneres Gebet sehr beschaulich und gedankenreich ist; bei anderen ist es rein affektiv. Ich selbst zähle eher zum affektiven Typ, zumal das innere Gebet für mich wesentlich ein Sich-vereinen mit Gottes Wille ist.

Man hat das Beten oft als Erhebung der Seele zu Gott definiert. Augustinus macht deutlich, daß es dabei nicht um ein räumliches Emporsteigen geht, sondern um eine Willensänderung. Man nähert sich Gott, wenn man seinen Willen ändert, d.h. wenn man ihn mit dem Willen Gottes vereint.

Manchmal geht man auf Zick-Zack-Kurs

Gewiß passiert es immer wieder beim inneren Gebet, daß man Zerstreuungen hat, daß man auf einem Zick-Zack-Kurs in alle möglichen Richtungen gerät. Ich meine, man muß diese Zerstreuungen dadurch überwinden, daß man sie in das Gebet hineinnimmt. Wenn mir ein bestimmter Mensch einfällt oder eine Sache, die mir passiert ist oder die ich tun will, warum soll ich denn gerade daraus nicht ein Gebet machen? Für jemanden beten, für das, was ich tun will, für das, was passiert ist – sollte das nicht möglich sein?

Mir gefällt eine Definition sehr gut, die P. de Foucauld in einem Brief an eine seiner Cousinen gibt: ‚Beten heißt in Liebe an Gott denken.' Das ist sehr einfach und sagt alles. Die Grundlage des Gebetes ist die Liebe zu Gott. Sein Inhalt wird immer darin bestehen, in Liebe an Gott zu denken und sich in Liebe mit seinem Willen zu vereinen.

Etwas mit Gottes Wunsch wünschen

Das Bittgebet ist dann auf derselben Linie anzusiedeln. Es ist absolut legitim zu bitten. Dies sieht man in der Bibel, im Evangelium und in der Erfahrung der Kirche aller Zeiten. In der Regel ist es so, daß die Dinge ihren Lauf nehmen, ohne daß wir den Eindruck hätten, erhört worden zu sein. Es kommt aber vor, daß Gott eingreift. Auch dies kommt in der Bibel vor und ebenso auch im Leben der Christen. Im äußersten Fall ist das ein Wunder, ein großes oder ein kleines. In der sogenannten ‚Charismatischen Bewegung' kommt es sogar zu sehr eindrucksvollen Krankenheilungen. Aber meistens nehmen die Dinge einfach ihren Lauf.

Ich siedle das Bittgebet auf zwei Ebenen an. Auf die erste bin ich in einem Buch ‚Trente minutes pour Dieu' (Dreißig Minuten für Gott) von P. Sève gestoßen[3]. Er hat damit vielen Menschen geholfen, denn er bleibt Realist und gibt keine vollständigen ‚Rezepte', sondern praktische Hinweise. Er zeigt, daß uns das Bittgebet das sein läßt, was wir unter den gegebenen Umständen sein müssen.

Doch es gibt noch eine andere Dimension, die sich außerdem mit der ersten überschneidet. Sie findet sich bei Paulus im 8. Kapitel des Römerbriefes, wo es heißt, daß wir nicht wissen, worum wir in rechter Weise bitten sollen, sondern daß der Heilige Geist, der in uns betet, weiß, was Gott entspricht. Letztlich besteht somit das Bittgebet darin, sich etwas mit Gottes eigenem Wunsch zu wünschen. Das ist absolutes Vertrauen, der Ruf danach, daß ‚Gott Gott sei', in seiner absoluten, manchmal fast heroischen Form.

Denn es können von uns Dinge verlangt werden, die menschliche Fähigkeiten übersteigen.

Das Seufzen des Heiligen Geistes

Die Rolle des Heiligen Geistes ist für das Beten von entscheidender Bedeutung. Er läßt uns wie Kinder nach ihrer Mutter oder ihrem Vater rufen. Und unsere menschlichen Wünsche und Sehnsüchte mitsamt dem Gefühl ihrer Vergeblichkeit laufen dann darauf hinaus, daß sich Gott selbst in uns zu unserem Frieden, unsrer Freude, unserem Handeln und unserem Beten macht. Wilhelm von St. Thierry, der Freund und Briefpartner des hl. Bernhard, führt im 12. Jahrhundert an einer wunderbaren Stelle den Gedanken aus, daß die Liebe, mit der Gott liebt, zu unserer eigenen Liebe wird.

Dies muß ein wenig erläutert werden, denn entweder betet der Geist in uns – dann ist es nicht unser eigenes Beten – oder er betet durch uns ... Es geht darum, zu verstehen, daß der Heilige Geist so in uns wohnt, daß er in uns das Gebet aufsteigen läßt und selbst für es als Vorbild dient. Durch seine Anwesenheit in uns gestaltet er unser Gebet nach seiner eigenen Vorstellung und verwandelt uns derart, daß wir uns mit Gottes eigenem Sehnen nach Gott sehnen."

Das Gebet für die Einheit

Wenn für P. Congar das Gebet „die Kehrseite der Theologie" ist, so darf man vermuten, daß dies auch für die langwierige, geduldige Bemühung um die gegenseitige Annäherung der getrennten Christen gilt, für die ökumenische Arbeit, die seine große Lebensaufgabe gewesen ist.

„Das Gebet um Einheit schlechthin", so erklärt er, „ist das Gebet Jesu im 17. Kapitel des Johannesevangeliums, das man als das ‚hohepriesterliche Gebet' bezeichnet. Seit meiner Priesterweihe habe ich am 30. Juli jedes Jahr, wenn ich nur konnte – denn damals gab es sehr strenge liturgische Bestimmungen –, die Votivmesse für die Einheit der Kirche gelesen. Sie ist sehr schön und hat als Evangelium eben dieses Gebet Jesu aus dem Johannesevangelium, das in meinem Leben eine große Rolle gespielt hat. Ein Priester besitzt sakramentale Kraft, und wie ich als Priester sagen kann: ‚Das ist mein Leib', obgleich es für mich nicht mein eigener Leib ist, sondern der Leib Jesu, so setze ich mit den Worten: ‚Vater, sie sollen eins sein, wie wir eins sind', Jesu einzigartiges Gebet, das er einstmals gesprochen hat, gegenwärtig. Ich sage ihm das in seinem Gebet, und er sagt es mir in meinem Gebet.

Damals hat man bei ökumenischen Zusammenkünften nur das Vaterunser gebetet. Seither betet man sehr viel miteinander. Gewiß, man ist noch nicht ‚eins', sondern noch recht weit davon entfernt, doch hat man nichtsdestoweniger beachtliche Schritte aufeinander zu getan!

Dieses Gebet für die Einheit ist eine Vergegenwärtigung des Gebetes Jesu, eine vorweggenommene Verwirklichung, so wie es der Text aus dem Propheten Jesaja war: ‚Der Geist des Herrn ruht auf mir, er hat mich gesandt ...', den Jesus eines Tages in der Synagoge von Nazaret vorlas und dann fortfuhr: ‚Heute hat sich das Schriftwort, das ihr eben gehört habt, erfüllt' (Lk 4,21).

Gebete, ‚die sich nicht abnutzen'

Beten heißt auch, sich mit Gebeten an Gott wenden, die sich nicht abnutzen, wie das Vaterunser, das Gloria-in-excelsis und das Magnifikat. Ich werde nicht müde, das Magnifikat zu beten. Es ist ein Gebet der Hoffnung, der Gewißheit und dazu noch ein Dankgebet. Ich singe es täglich in der Vesper, aber ich habe mir auch angewöhnt, es wenigstens an den hohen Festen als Gebet Mariens und der Kirche zu sprechen. Es hat dann, wie ich finde, einen erstaunlich vollen Klang.

Ich halte auch sehr viel vom Fürbittgebet, das eine Art betenden Ringens mit Gott ist, ähnlich der Fürbitte Abrahams, als er sich für Sodom verwandte. Das Fürbittgebet ist ein Eintreten bei Gott für die anderen, für die Welt, und kann Gottes Barmherzigkeit erweichen und, wie jemand gesagt hat, ‚von seiner Gerechtigkeit an seine Barmherzigkeit appellieren'. Es nimmt seinen Weg über Christus, da es, wie ich schon gelegentlich bezüglich der charismatischen Bewegung gesagt habe[4], ‚den Geist nicht ohne das Wort, kein Wort ohne den Geist' gibt. Wort und ‚Windhauch' des Geistes sind ein schönes Bild: das

Wort, das sich formt, muß auch nach außen treten. Ohne den Atem bliebe das Wort in der Kehle stekken, und es ist der Heilige Geist, der es freisetzt."

Der Kirschbaum ist wieder ausgeschlagen

Ist es der Heilige Geist, das Einssein mit dem Willen Gottes, was es P. Congar erlaubt, trotz seiner angegriffenen Gesundheit unermüdlich weiterzuarbeiten?

„Es ist nun einmal so, wie es ist. Das ist alles. Andere haben sehr viel mehr durchzumachen als ich. Ich erinnere mich noch, daß bei uns zu Hause in unserem Garten der Blitz in einen Kirschbaum eingeschlagen war und seine Äste zum größten Teil zersplittert hatte. Aber ein Ast war übriggeblieben und tief herabhängend nur noch durch ein paar Fasern und die Rinde mit dem Stamm verbunden. Und doch hat dieser Ast noch Früchte getragen! Man muß sehen, was uns noch bleibt. Man arbeitet mit dem, was man noch hat. Es kommt der Augenblick, da man vielleicht gar nichts mehr hat. Aufs ganze gesehen bleibt noch reichlich, worüber man glücklich sein, wovon man leben und womit man wirken kann."

„Was wäre mein Beten ohne das der andern?"

Was bedeutet es für einen Ordensmann, seit so vielen Jahren täglich Seite an Seite mit den Brüdern seiner Gemeinschaft zu beten? Machen die Brüder das Beten leichter?

„Gewiß", antwortet P. Congar, „aber nicht nur sie, alle meine Brüder in Christus, auch die nicht-katholischen Christen, die Protestanten und die Orthodoxen, waren mir eine große Hilfe. Sie reißen mich mit, sie tun mir gut. Das gilt auch von den Mitgliedern einer Frauengruppe, die ich betreue, Begeisterte, von denen einige ein von Glaube und Gottesliebe wahrhaft erfülltes Leben führen, ein Leben des Gebets und der Nächstenliebe.

Fast jeden Abend gedenke ich im Gebet etwa zehn meiner dominikanischen Mitbrüder, die, wie ich glaube, bei Gott sind, all unserer großen älteren Brüder, besonders P. Besnard, dessen so schönes Bild in meinem Brevier liegt. Ich habe mir schon oft die Frage gestellt: Was wäre mein Gebet oder mein Glaube ohne die anderen? Wir sind durch die anderen, was wir sind. Mein Beten ist Gemeinschaft mit und in den Heiligen insgesamt: mit dem heiligen Augustinus, dem heiligen Basilius, dem heiligen Paulus, mit Abraham und David. Sie sind in meinem Beten dabei und helfen mir."

(Die Äußerungen wurden zusammengestellt von Janine Feller.)

1

Die Psalmen in meinem Leben

Es gilt als eine Tatsache festzuhalten, daß es Menschen gibt, die, obwohl sie beten wollen, kaum Zugang zu den Psalmen haben. Sie finden in ihnen zu viele Anspielungen auf ihnen fremde Situationen oder religiöse Motive, mit denen sie sich nicht mehr identifizieren können.

Die Psalmen kommen aus einer Welt, die in literarischer, kultureller und sogar religiöser Hinsicht der unseren doch sehr fremd ist. Es ist eigentlich erstaunlich, daß die christliche Kirche von Anfang an die Psalmen als Ausdruck ihres Betens beibehalten hat. Und trotzdem hat sie dies getan. Die Kirchenväter haben Erklärungen zu ihnen verfaßt; jahrhundertelang waren die Psalmen das Buch, anhand dessen man lesen lernte; die Liturgie ist voll von Psalmversen; das Stundengebet der Mönche, Nonnen, Priester und vieler Gläubigen lebt von den Psalmen.

Es ist wirklich erstaunlich, daß die Christen für ihr Gebet diese jüdischen Texte übernommen haben. Sie hätten dies kaum tun können, wenn sie diese Texte nicht auf die eine oder andere Weise auf Christus bezögen: Hat Jesus nicht gesagt, daß die Schriften von ihm sprechen, und sich dabei sogar ausdrücklich auf die Psalmen bezogen (vgl. Lk 24,27.44–46; Joh 5,39.46)? Haben nicht schon vor den Kirchenvätern und der Alten Kirche die Apostel in den jüdischen Schriften die Geschichte Jesu zeichenhaft dargestellt gesehen (vgl. Joh 1,45; 22,22; 12,16.41; 19,28; 20,9)? Immerhin hatten schon innerhalb des Alten Bundes die Juden selbst immer wieder ihre eigene Geschichte und ihre eigenen Texte neu gedeutet. So waren sie nach der Rückkehr aus dem Exil mit den Psalmen verfahren, als es für sie neue Hoffnung auf Befreiung und Heil gab, wenn auch unter neuen Vorzeichen: Armut und Schwäche machten eine Einordnung in die Gesamtgeschichte nötig und ließen messianische, endzeitliche Hoffnung aufkeimen. Somit ist es nicht weiter verwunderlich, daß die Christen die Psalmen verchristlicht und sogar christologisch gedeutet haben. Der Psalter ist nach den Worten des heiligen Hilarius gleichsam der Leib Christi, durch den der Prophet spricht und singt. Diese christologische Deutung der Psalmen wurde sehr sorgfältig und bis in die Einzelheiten hinein untersucht. Sie hat zwei Wege eingeschlagen, die manchmal ineinander übergehen:

1. Einmal hat man den Titel „Herr" dem Namen und der Sache nach auf Christus übertragen, was um so leichter war, als der Name „Jahwe" in der Septuaginta mit „Kyrios" und in der Vulgata mit „Dominus" übersetzt worden war. Darüber hinaus werden im ganzen Neuen Testament Attribute, die Gott selbst betreffen, auf Christus übertragen. Die Psalmen werden somit zu einem an Christus gerichteten Gebet oder einem Lobgesang auf die Tugenden oder Taten Christi. Man hat von diesem Vorgehen als einer „christologischen Deutung von oben" gesprochen.

2. Andererseits gibt es das, was man eine „christologische Deutung von unten" genannt hat, insofern das Psalmengebet Christus in den Mund gelegt wird. Er ist es, der darin Gott lobt und vor allem als der leidende Gottesknecht seufzt und wehklagt. Der Hebräerbrief (5,7) stützt diese Deutung, aber auch die Evangelien, wenn sie als Schrei Jesu am Kreuz „Mein Gott, mein Gott, warum hast du mich verlassen?" (Ps 22,2) festhalten.

Augustinus war der Ansicht, man könne Christus selbst weder solch eine Gottverlassenheit noch solch tiefe Verzweiflung zuschreiben. Wenn dies in Worten geschähe, die unter Umständen aus den Psalmen stammten, müsse man sie so auffassen, als habe Christus sie stellvertretend für seinen Leib, d.h. die Christen, gesprochen.

Die christologische Psalmendeutung ist in der Exegese und in der Tradition (Kirchenväter und Liturgie) zu gut bezeugt, als daß sie keinen gültigen Zugang zu den Psalmen bilden könnte. Allerdings sehen wir selbst nicht die Notwendigkeit, uns ihrer zu bedienen, und wir untersuchen sie nur da, wo sie in der liturgischen Praxis begegnet.

Und doch stellen die Psalmen für uns eine reiche Quelle des Trostes und der Zuversicht dar, die uns das Herz aufgehen läßt. Es ist viel zu wenig, mit der Stalintochter Swetlana Allilujewa, die Andrei Siniawski bis zur Taufe führte, zu sagen: „Nirgendwo habe ich stärkere Worte gefunden als in den Psalmen. Diese flammende Poesie läutert, kräftigt und gibt in schweren Stunden neue Hoffnung. Sie zwingen uns zu einem Gericht über uns selbst, daß wir uns einem Urteil stellen und die Irrtümer unseres Herzens mit

Tränen tilgen. Sie sind ein Feuer der Liebe, der Dankbarkeit, der Demut und der Wahrheit, das nie verlischt."

Die Psalmen sind nichts Geringeres als der Atem meiner Seele, der spontane Ausdruck ihres Jubels. In ihnen befinde ich mich in einem wohlbekannten, vertrauten Element, das dem Naturell meines geistlichen Lebens vollkommen entspricht.

1. Die rechte Sprache für den Umgang mit Gott

Schon von ihrem literarischen Gehalt her, aber auch über ihn hinausführend, sind die Psalmen Ausdruck unsres Glaubens an den lebendigen Gott. Unsere Praxis des Psalmengebets zählt soviel wie unser Glaube an den Gott der Bibel; sie reicht so weit, wie wir uns im Glauben in absoluter Liebe an ihn binden und eine gültige Vorstellung von seinem Wesen gewinnen. Nun ist der Gott der Bibel Schöpfer und Erlöser zugleich. Die Großtaten Gottes, die die Psalmen besingen, sind die Schöpfung und die Befreiungs- und Heilstaten in der Geschichte. Für beide Typen von Gottestaten gibt es Psalmen; manchmal sind beide Themen auch in ein und demselben Vers verbunden. Am meisten fällt auf, daß vom lebendigen Gott nur in Worten gesprochen wird, die eine Tätigkeit angeben. Er ist immer der Gott, der *etwas tut.* Manchmal wird der Relativsatz durch ein aktives Partizip ersetzt: „Gepriesen sei Jahwe, ... der alle Fehltritte Vergebende, der alle Krankheiten Heilende, der aus der Grube Befreiende, der mit Huld

Krönende, der mit Glück Überhäufende, der Gerechtigkeit Vollbringende."

Grundlegend ist Gott der, „der Israel aus Ägypten heraufziehen läßt". Die Psalmen erinnern immer wieder an diese Geschichte, indem sie Gott preisen und ihre Hoffnung auf ihn bekunden: vgl. Ps. 105, 106, 107, 114, 135, 136. Schon der Name *Jahwe,* der 670mal im Psalter vorkommt – die Psalmen 42–83 nicht gerechnet, in denen er durch *Elohim* ersetzt ist – bezeichnet Gott als den Lebendigen. Wenn man ihn mit „Herr" übersetzt, besteht die Gefahr, daß die wichtigsten Anklänge verlorengehen. Denn seine Offenbarung gegenüber Mose (Ex 3,14) bedeutet, wie uns die besten Ausleger sagen: *Ich bin da* für und mit euch; ich bin der, als den ihr mich bei meinem Eintreten für euch erfahren werdet. „Jahwe" bedeutet nicht so sehr „der, welcher ist", „der Ewige", obwohl diese Bedeutungen nicht völlig ausgeschlossen werden dürfen, sondern verweist auf den lebendigen Gott, der sich ein Volk erwählt, beruft und sich zueignet, der es führt und behütet, der straft und verzeiht, kurz: den Gott der Heilsgeschichte. Dies ist auch der Gott, von dem die Psalmen sprechen. Und ihr Beten besteht darin, ihm in allen möglichen Lebenslagen, in Trauer oder Freude, in nach Hilfe verlangender Not oder dankbarer Zufriedenheit, zu sagen: Mein Gott bist du, mein Gott wirst du immer bleiben.

Seit Hermann Gunkel (1926) werden die Psalmen oft in Hymnen, Klagelieder des einzelnen, Klagelieder der Gemeinde bzw. des Volkes, Königspsalmen, Weisheitspsalmen usw. eingeteilt. H. J. Kraus, dem wir den besten Psalmenkommentar verdanken, übernimmt diese Einteilung. Andere Autoren bieten mehr oder weniger ähnliche Klassifikationen. Wenn es um eine Untersuchung ihrer literarischen und thematischen Eigenart geht, kann dies eine Hilfe sein, doch für einen religiösen Zugang zum Geist der Psalmen, der im eigentlichen Sinne theologisch ist, erbringt dies wenig. Hier kommt alles Licht von einer hellwachen, tiefen Aufmerksamkeit auf den, an den sie sich richten. Dann stellen sich all jene verschiedenen Sichtweisen ein, in denen eine religiöse Seele in so unterschiedlichen Tonarten wie die zehnsaitige Harfe (Ps 92,4; 144,9) bekennen kann: Mein Gott bist du, mein Gott wirst du immer bleiben.

Es kann geschehen in der Fröhlichkeit des Zugs nach Jerusalem zu den Festtagen, in der stillen Freude am Gottesdienst (Ps 84; 122), im Ergötzen an der Weisung Gottes (vgl. den wunderbaren Psalm 119, der nicht in einem legalistischen, sondern in einem theo-logischen Sinn zu verstehen ist). Es kann geschehen im gottesdienstlichen Lobpreis, in dem die Großtaten Gottes an seinem Volk, angefangen mit der Schöpfung, vergegenwärtigt werden, wie wir es noch heute tun, so schon Ps 136: „Danket dem Herrn, denn er ist gütig, denn seine Huld währt ewig! ... der an uns dachte in unserer Erniedrigung, denn seine Huld währt ewig! Der allen Geschöpfen Nahrung gibt, denn seine Huld währt ewig!"

Wir stoßen hier auf die liturgische Rolle der Psalmen, ihre Verbindung mit dem Kult und ihre Funktion „der Vergegenwärtigung", dank deren jede Generation neu die Heilstaten Gottes erleben darf.

Ein anderes Mal sind wir in Unglück, in Krankheit (Ps 38; 41), oder Recht wird uns verweigert (109; 31).

Wir sind David auf der Flucht vor Saul, vor Absalom (vgl. Ps 3; 54; 57; 59; 142; 143) oder in tiefer Verlassenheit (Ps 88). Wir schreien um Hilfe und finden dazu die unvergeßlichen Hilferufe einer großen Zahl wunderbarer Psalmen vor.

Wir reihen uns unter die „Armen Jahwes" ein, die auf ihn ihre ganze Hoffnung setzen, und werden Antwort erhalten von ihm, „der an uns dachte in unserer Erniedrigung ... und uns den Feinden entriß" (136,23 ff.). „Nahe ist Jahwe den zerbrochenen Herzen, er hilft denen auf, die zerknirscht sind" (Ps 34,19). „Ich will dir danken, denn du hast mich erhört, zum Heil bist du mir geworden" (118,28).

Der Israelit, wie die Bibel ihn uns vorstellt, ist typisch für den religiösen Menschen, da er immer aus dem Glauben an Jahwe lebt. Im Laufe seiner Geschichte und in Lebenslagen, die übrigens oft nur schwer im einzelnen auszumachen sind, kommt er immer wieder dazu, zu sagen: Mein Gott bist du. In den Psalmen begegnet uns ein Rufen, das sich direkt an Gott richtet; wir nehmen es auf, bald in Freude, bald in Leid, in flehentlicher Bitte und im Lobpreis. Schließlich endet auch das Bitten in Lobpreisen. Diese religiöse Haltung findet sich besonders bei David, weshalb auch ihm die Psalmen mit moralischer Berechtigung zugeschrieben wurden (mag es auch zutreffen, daß einige wenige ihm auch mit historischem Recht zukommen). Dies ist auch die religiöse Haltung der großen Propheten: Es fehlt nicht an Berührungspunkten mit dem zarten Jeremia oder dem genialen Unbekannten, der hinter dem zweiten und dritten Teil des Jesajabuches steht.

Manch einer nimmt Anstoß an den Fluch- oder

Rachepsalmen. Auch sie müssen von Gott her betrachtet werden, an dessen Gerechtigkeit und Schutz sie sich ausdrücklich wenden. Die konkreten Einzelheiten der Übel, die sie den Gegnern herbeiwünschen, sind natürlich Ausfluß einer bestimmten literarischen Gattung aus damaliger Zeit; man kennt Parallelen dazu auch noch heute in Sprachen mancher Völker. Dies ist zu verstehen aus der Kampfbereitschaft für das Reich Gottes heraus, das ja tatsächlich Feinde hat: Auch diese Psalmen sind theo-logisch. Sie gehören zu jener biblischen Sichtweise, nach der hinter menschlichem Handeln letztlich zwei verschiedene Subjekte stehen können: Gott oder der Satan. Wir haben es also mit einem zwar nicht metaphysischem – denn in diesem Punkt ist der biblische Monotheismus unbestritten –, aber ethischen und in diesem Sinn auch existentiellen Dualismus zu tun.

Wahrscheinlich wird man auch noch an anderen Psalmen Anstoß nehmen. Es gibt welche, die für sich genommen nur schwerlich als Ausdrucksmittel unserer Bewegung auf Gott hin dienen können. Ein guter Kommentar könnte uns dabei vielleicht hilfreich sein, doch es ist einfacher, sich damit nicht zu belasten und diese Psalmen in die Gesamtbewegung des Psalters, in seine an Gott gerichtete Grundaussage: „Mein Gott bist du", hineinzunehmen.

„*Mein* Gott" – dieser wunderbare Ausdruck kommt sehr häufig in den Psalmen vor. Er hat hier nicht den Sinn wie in manchen älteren Erzählungen, in denen dieses „mein" ausschließlichen Sinn hat und somit verneint, daß er der Gott eines anderen Volkes oder einer anderen Sippe ist. Hier bezeichnet es die Gemeinschaft, die Jahwe durch die Erwählung und den Bund mit seinem Volk oder seinen Gläubigen gestiftet hat. Er ist wie bei den Propheten der Gott, dem sie Glauben geschenkt haben, den sie vertrauensvoll anrufen, den sie mit freudigem Herzen loben. Eine solche Anrufung „mein Gott" kann nur vom Herzen kommen.

Unabhängig davon sprechen fast 80 Psalmen in der ersten Person: „ich". Unter den Exegeten gibt es gegensätzliche Auffassungen darüber, ob dieses „ich" ein Individuum oder ein Kollektiv meint – eine Alternative, die uns, so gestellt, recht unangebracht erscheint. P. J. de Fraine, der die Extremlösungen darstellt und kritisiert, möchte sie durch den Gedanken einer „Korporativpersönlichkeit" ersetzen. Dies ist weder angemessen noch notwendig. Er trifft eher das Richtige, wenn er Mowinckel mit den Worten zitiert: „Das ‚Ich' der Psalmen ist in gewissem Sinn ein Israelit, in dem Israel Wirklichkeit wird." Es ist also der, welcher die religiös-gläubige Beziehung zum lebendigen Gott lebt und zum Ausdruck bringt. Dies kann der Verfasser des Psalms sein oder der, der ihn rezitiert, ich, der ich ihn in der Gegenwart zu einem Gebet werden lasse, die Gemeinschaft der Gläubigen, wir, die Kirche, ja auch Christus selbst (vgl. Mt 26,30). „In multis unus" (in vielen einer), sagt Augustinus; doch man kann die Formulierung auch umdrehen: „multi in uno", und dabei mit Augustinus selbst Psalm 119,63 zitieren, wo es heißt: „ein Teilhaber all derer bin ich, die dich fürchten und ehren."

Nach christlicher Theologie ist es der Heilige Geist, der die Einheit all derer, die Gott anrufen, herstellt. Er läßt das Beten, zu dem er die Inspiration schenkt, sowohl im einsamen Beter wie in der Gemeinschaft der Glaubenden, sowohl beim Beten des frommen Israeliten wie in jenem der Kirche, des Leibes Christi, Wirklichkeit werden.

Als Christ die Psalmen beten

Wir haben schon davon gesprochen, daß man bisweilen erstaunt darüber ist, daß die Psalmen das Gebet der Christen, ja sogar des öffentlichen Gottesdienstes der Kirche geworden sind. Verschiedene Gründe dafür wurden vorgetragen. P. Louis Bouyer argumentiert mit der Einheit des Gottesvolkes, das zuerst Israel war und dann die Kirche geworden ist. An anderer Stelle führt er näher aus, wie die beiden Testamente, die beiden „Vorkehrungen" durch die Begriffe des Reiches Gottes, des Messias und des Opfers verbunden sind. Für die Anhänger einer christologischen Deutung der Psalmen ist es der Bezug auf Christus, der den Übergang von Israel auf die Christenheit begründet und legitimiert. Dies scheinen uns keine zwingenden Argumente zu sein. Es genügt, daß der Glaube als religiöse Grundhaltung bereits im Alten Bund gelebt und bezeugt worden ist. Nun bin ich nicht nur davon überzeugt, daß dies so ist, sondern auch, daß die Psalmen die beste Schule sind, in der diese Haltung sich bilden und entwickeln kann. Sie ist von vornherein christlich, sofern sie wahr ist. Der Hebräerbrief enthält keine andere Glaubenstheologie als die Patriarchengeschichten. Tiefste, anspruchsvollste religiöse Werte sind in den Psalmen enthalten. Von daher läßt sich das Vorgehen von P. Evode Beaucamp und P. Jean-Pascal de Relles rechtfertigen, die ihren Kommentar zum Psalter nach den Anrufungen und Bitten des Vaterunser gegliedert haben, auch wenn wir offensichtlich nun Gott in einem anderen Sinn Vater nennen als dies im Alten Bund der Fall war. Die christliche Gebetsanrufung sagt mehr aus, nimmt aber all das auf, was den religiösen Gehalt der jüdischen Psalmen ausmacht.

„Gib, daß du als Gott erkannt wirst" (vgl. Mt 6,9), „daß Gott Gott sei" – dies sprechen die Psalmen immer wieder in der Form des Lobpreises, der Erzählung von den Taten Gottes, in Bitten und Anrufen aus.

Dennoch findet diese religiöse Beziehung erst in Christus durch seinen Geist ihre Erfüllung. Als Christen beten wir die Psalmen. Das macht eine gewisse „Christianisierung" unvermeidlich. Wie sollte ich als Vertreter der christlichen Tradition, als Verehrer der Kirchenväter und Liebhaber der heiligen Liturgie deren Stimmen nicht mithören? Festzuhalten ist, daß ich dabei vor allem die tägliche Verwendung der Psalmen beim Stunden- und persönlichen Gebet im Blick habe, während ihre klassische christologische Deutung vor allem die liturgische Feier der Geheimnisse Christi betrifft. Doch bete ich die Psalmen vor allem als Ausdruck der Beziehung meines Lebens auf Gott, als mein „geistliches Opfer" (vgl. Röm 12,1). Dieses aber ist „Gott wohlgefällig durch Jesus Christus" (1 Petr 2,5). Wenn in den Psalmen die religiöse Beziehung meines ganzen Lebens und jenes des Gottesvolkes auf Gott („ad Deum") ihren Ausdruck findet, dann muß dieses „ad Deum" christlich sein.

Gott selbst hat sich in Jesus Christus geoffenbart. Das „ich bin da", „ich bin der, als den ich mich erweisen werde" von Ex 3,14 ist zu den berühmten „Ich-bin-Worten" des Johannesevangeliums geworden: „Ich bin das Brot des Lebens (8,35), „das Licht der Welt" (8,12), „die Tür für die Schafe, der gute Hirte" (10,7.11), „die Auferstehung" (11,25), „der Weg, die Wahrheit und das Leben" (14,6), „der wahre Weinstock" (15,1).

Das „Ich werde mit dir sein" von Ex 3,12 hat sich konkretisiert in dem Wort von Mt 28,20: „Ich bin bei euch alle Tage bis zur Vollendung der Welt." Der Name, den man anrufen soll, um gerettet zu werden (Joel 3,5), ist der des Herrn Jesus (Röm 10,13; Apg 2,21). Zum „vor mir wird jedes Knie sich beugen ..." von Jes 45,23 kommt nun hinzu: „Gott hat ihn erhöht, ... damit vor dem Namen Jesu alle Mächte im Himmel, auf der Erde und unter der Erde ihre Knie beugen" des Christushymnus von Phil 2,9ff. Die religiöse Beziehung hat sich entsprechend verändert. Sie richtet sich auf einen Gott, der sich erniedrigt hat und zu uns in Knechtsgestalt gekommen ist. Wenn wir heute als Jünger Jesu und Glieder seines Leibes im Heiligen Geist die Psalmen beten, tun wir dies gewiß nicht genau so, wie es die Juden taten und noch tun.

Schon in der griechischen Übersetzung der Septuaginta und in der lateinischen der Vulgata haben manche Wendungen andere Nuancen erhalten. Doch darum handelt es sich hier nicht; die Psalmen sollen nicht entschärft und ihre Würze nicht beseitigt werden, sondern wir sollen Texten ihre Wahrheit geben, indem wir den uns in Wahrheit zukommenden Ort im Leben des Gottesvolkes einnehmen, indem wir eintreten in die Hoffnung und die unerschütterliche Gewißheit Israels, in sein Wehklagen in Stunden der Prüfung, in die in Jesus gekommene sich herabneigende Barmherzigkeit Gottes, in seine Liebe, seinen vollkommenen Gehorsam, der ihn zur Herrlichkeit geführt hat.

Meine geliebten Psalmen, ihr seid das tägliche Brot, von dem sich meine Hoffnung nährt, ihr verleiht meinem Dienst und meiner Liebe zu Gott eine Stimme, kommt auf meinen Lippen zur vollen Entfaltung! Geliebte Psalmen, ihr altert nicht und nützt euch als Gebete nicht ab! Alle menschliche Erfahrung bringt ihr in den Glauben ein. Daß ihr diesen Platz in meinem Leben einnehmt, kommt daher, daß ihr es vor Gott ausdrücklich macht. Wie die Wahrheit erfrischt ihr Lippen und Herz derer, die euch singen. Laßt euch in zwei Worten zusammenfassen, von denen das zweite nur nach dem ersten in Wahrheit gesprochen werden kann: Amen! Alleluja!

2

Gottes Wort in Vergangenheit und Gegenwart

„Kamen Worte von dir, so verschlang ich sie,
dein Wort war mir Glück und Herzensfreude."

„Bekenntnis" Jeremias (15,16)

Unser Gott ist ein Gott, der spricht und sich uns zuwendet. So erhaben dieses Sprechen auch sein mag, als solches ist es kaum erstaunlich, da er doch eine Person ist und wir selbst nach seinem Bild Personen sind. Unser Gott hat gesprochen „viele Male und auf vielerlei Weise durch die Propheten; in dieser Endzeit durch seinen Sohn" (Hebr 1,1 f).

Viele Male und auf vielerlei Weise! Vieles davon kennen wir nicht: Wie hat Gott zu „Adam" gesprochen, der Menschheit in ihrem frühesten Stadium, als sie vor drei Millionen Jahren oder vielleicht mehr aus dem Tierreich sich erhob? Welches war Gottes Wort an Abraham 1800 Jahre vor Christus? Was uns davon überliefert ist, ist tausend Jahre nach den Ereignissen aufgeschrieben worden – wie wenn man heute die Geschichte Karls des Großen schreiben würde! Und außerdem: Hat Gott zu den Millionen Menschen gesprochen, die außerhalb dessen, was wir *die* Offenarung nennen, gelebt haben oder leben? Hat er zu den Gründern und entscheidenden Gestalten der uns bekannten Religionen der Menschheit gesprochen?

Unser Glaube und unsere Gewißheit stützen sich auf ernst zu nehmende Gründe, doch „das Gewölbe des Himmels hält ohne Pfeiler", wie Luther schreibt: Gott hat in Anbetracht des Alters der Menschheit – doch wissen wir, welche geschichtlichen Zeiträume noch vor ihr liegen? – recht spät in die Menschheitsgeschichte mit einem positiven Heilsplan und Bundesschluß eingegriffen. Der Beginn wird in Genesis 12,1 erzählt: „Der Herr sprach zu Abram ..." Dies ist der feierliche Augenblick einer entscheidenden Initiative, eines Anfangs, von dem her wir noch heute leben. In der Folgezeit gab es eine ganze Reihe von Eingriffen bis hin zu Jesus und den Aposteln, die unsere Heilsgeschichte ausmachen.

Von inspirierten Menschen, die uns persönlich oft gar nicht bekannt sind, ist dies alles aufgeschrieben und gedeutet worden. Dabei handelt es sich nicht um „Diktate", als ob diese Verfasser nur von einem anderen manipulierte Werkzeuge gewesen wären, sondern Gott hat im Verfolgen seines Bundes- und Heilsplanes diese Menschen innerlich zum Schreiben gedrängt und über ihr Werk so gewacht, daß ihm die Verantwortung dafür zugeschrieben werden kann und muß.

Nicht alle Autoren, die in Israel und über Jesus geschrieben haben, waren „inspiriert" im genannten Sinne. Es gibt etwa fünfzig jüdische Schriften und ebenso viele christliche, die unter bekannten Namen auftauchen, die wir aber nicht als „inspiriert" anerkennen und Apokryphen nennen. Seit etwa der Mitte des 2. Jahrhunderts ist ein „Kanon" entstanden, d.h. eine Liste der Schriften, die die Kirche als inspiriert, als Wort Gottes anerkannte, kurz: als kanonisch, d.h. maßgebend für ihren Glauben und ihr Leben. Für das Alte Testament übernahm die Kirche den jüdischen Kanon, wenn auch nicht den der Juden Palästinas, so doch den jener Juden, die in griechischer Umwelt lebten und für griechische Kultur offen waren. Die christliche Kirche übernahm aber das ganze Alte Testament. Eine der ersten Häresien, mit denen sie zu tun hatte, war um die Mitte des 2. Jahrhunderts die des Markion, der das Alte Testament als Ausdruck eines strengen, grausamen Gottes verwarf. Zu einem Zeitpunkt, da die junge Kirche sich gegen ein mächtiges, feindlich gesonnenes Judentum zur Wehr setzen mußte, verkündete sie, daß man nicht an den Patriarchen und Propheten vorbei zu Christus kommen könne. Noch heute hat das Beten der Kirche die jüdischen Psalmen zur Grundlage – meine geliebten Psalmen! Für die Schriften, die Jesus und den christlichen Glauben betreffen, war das Kriterium ihrer Aufnahme in den Kanon ihr apostolischer Ursprung im weiten Sinne. Von unseren vier Evangelien stammen nur das Matthäus- und Johannesevangelium von einem der Zwölf. Auch mehrere Briefe des Neuen Testaments stammen von anderer Hand. Es ist deshalb eher als an die Apostel im eigentlichen Sinne an eine kurze Gründungszeit zu denken, die bleibend maßgebend geworden ist.

Die in diesem Sinne verstandene Normativität des Ursprungs muß auch auf das angewendet werden, was die Glaubensregeln und das Leben des Gottesvolkes insgesamt ausmachen wird. Damit ist deren *Öffentlichkeitscharakter* ausgesagt in dem genauen Sinn, der dem Begriff des *Privaten* entgegengesetzt ist. Gott spricht zu uns durch innere Worte, in „Privatoffenbarungen"; sie gehören aber nicht zu dem, was Gott mitgeteilt hat, um sein Volk auf bleibenden Fundamenten zu gründen und aufzuerbauen.

1. Mögliche Lesarten

Wir besitzen also eine Bibel, die gelesen werden will. Doch es sind mehrere Lesarten möglich. Eine erste ist rein historisch. Sie kann entweder naiv oder wissenschaftlich-kritisch sein. Die naive ist jene, die jedermann möglich ist. Die wissenschaftlich-kritische setzt die Anwendung technischer Mittel voraus: alte Sprachen, Archäologie, Kenntnis der historischen, geographischen und kulturellen Umwelt. Natürlich können nur Spezialisten eine solche Arbeit vornehmen, doch sie teilen uns deren Resultate in Zeitschriften und Büchern, in Einführungen und Kommentaren zu ausgezeichneten Übersetzungen mit. Welch ein Reichtum, welch reich gedeckter Tisch!

Die Möglichkeiten der historisch-kritischen Lesart reichen noch viel weiter! Seit dem Ende des 18. Jahrhunderts und im 19. Jahrhundert hat man – vor allem in Deutschland – im protestantischen Bereich, seit Anfang dieses Jahrhunderts auch im katholischen (die Vorlesungen von P. Lagrange über die historische Methode datieren aus dem Jahre 1903) sehr ausgefeilte Methoden der Analyse und Kritik von Texten entwickelt. Diese hat man zuerst auf das Alte Testament angewendet, was dazu führte, daß man verschiedene Redaktionsschichten und vor allem verschiedene Quellenschriften oder Urkunden entdeckt hat. Das Buch Exodus z.B. ist nicht von Mose verfaßt worden, von dessen Tod es übrigens berichtet. Das Buch Jesaja stammt nicht zur Gänze von demselben Verfasser und aus derselben Zeit, usw. Schon dies hat zu Fragen und Schwierigkeiten geführt. Doch zur Zeit des Zweiten Vatikanischen Konzils ging es um die *Evangelien* und auch die *Apostelgeschichte* und die *Pastoralbriefe.* Die Methoden der sogenannten Formgeschichte und der Traditionsgeschichte (d.h. der Weitergabe der Überlieferung) zeigten, daß in bestimmten Texten der Evangelien eher der Glaube der Urgemeinde als Jesu eigene Worte überliefert werden. Was also soll man glauben? Woran sich halten? Und wenn wenigstens die Exegeten einer Meinung wären! Doch der eine zerstörte, was sein Vorgänger mit Mühe aufgebaut hatte, und war dann seinerseits der Kritik ausgesetzt.

Auf dem Konzil gab es um diese Fragen einen harten Kampf, und zwar nicht nur in den Vollversammlungen, sondern auch hinter den Kulissen. So fanden die Bischöfe auf den Sitzen der Busse, die sie auf dem Petersplatz erwarteten, Broschüren vor, in denen das *Päpstliche Bibelinstitut* in Rom angegriffen und des Modernismus bezichtigt wurde. Ich habe die eine oder andere Broschüre aufbewahrt. Die Angriffe kamen vor allem von Professoren der Lateranuniversität, wo Papst Paul VI. eines Tages durch klare und deutliche Worte diesen Angriffen ein Ende gesetzt hat. Das Bibelinstitut hatte in seinem Direktor, Kardinal Bea, einen mächtigen und weitsichtigen Verteidiger. Anfangs war jedoch kein Professor des Bibelinstituts, ebensowenig übrigens wie der *Ecole Biblique* von Jerusalem, als Experte berufen worden. Dies änderte sich während des Konzils.

2. Offenbarung und Glaube

Worum genau gingen die Auseinandersetzungen? Um drei Punkte, die dann Gegenstand der Dogmatischen Konstitution „Dei Verbum" waren, die am 18. November 1965 feierlich verkündet wurde.

1. In der Konzilsversammlung drehte sich vom 14. November 1962 an die heftigste Debatte um die Beziehungen zwischen Schrift und Tradition. In dieser Frage bildeten sich zwei Strömungen; sie stellte auch für die große Mehrheit der Konzilsväter den Anlaß dar, sich des Geistes bewußt zu werden, der dann das ganze Konzil bestimmen sollte. Der von der (vorkonziliaren) Vorbereitungskommission vorgelegte Text unterschied zwischen Schrift und Tradition als zwei Quellen der Offenbarung, so daß göttliche Offenbarungswahrheiten in einer mündlichen Tradition hätten enthalten sein können, ohne in irgendeiner Weise in der Schrift enthalten zu sein. Dies geht aber keineswegs an: denn einerseits ist es eine Tatsache, daß es kein Dogma gibt, das die Kirche allein aus der Schrift erhalten hat, ebensowenig wie sie eines allein aufgrund der Tradition besitzt. Sodann sind Schrift und Tradition nicht zwei Quellen der Offenbarung, sondern zwei Mittel, die man zusammen verwenden muß, um sich den Sinn des Wortes Gottes voll bewußtzumachen. Deshalb wurde das vorgelegte Schema nach lebhaften Auseinandersetzungen, in denen zwei verschiedene Geisteshaltungen aufeinandertrafen, in einer Abstimmung am 20. November 1962 abgelehnt. P. Rouquette, der Berichterstatter der Zeitschrift „Etudes",

konnte damals schreiben, dieses Datum markiere das Ende der Gegenreformation.

Das Schema, dem Papst Johannes XXIII. den irenischen Titel „Über die göttliche Offenbarung" gegeben hatte, wurde von da an neu bearbeitet, zuerst in einer Gemischten Kommission aus Theologischer Kommission und Einheitssekretariat, dann in einer Subkommission allein der Theologischen Kommission, der ich angehörte. Es wurde als grundlegende Regel, an die man sich peinlich genau hielt, vereinbart, daß jede Formulierung zu vermeiden sei, die direkt oder indirekt den Gedanken zweier unabhängiger Quellen nahelegen könnte.

2. Der Katholizismus hat nicht nur in seiner Theologie, sondern auch in Katechese und Predigt seit der Scholastik aus einem sehr intellektualistischen Verständnis von Offenbarung heraus gelebt. Gewiß, man darf dieses Verständnis nicht karikieren, so als ob zum Beispiel Gott aus den Wolken spreche oder die Wahrheiten „vom Himmel fallen" würden. Doch die Offenbarung wurde als eine Mitteilung von Sätzen betrachtet, die zusammen ein Wahrheitsdepot bilden, welches vom Lehramt im einzelnen zu erläutern und zu „definieren" ist und aus dem von den Theologen durch Ableitungen weitere Wahrheitserkenntnisse zu gewinnen sind, die dann eines Tages gegebenenfalls definiert werden könnten. In der (vorkonziliaren) Vorbereitungskommission, bei der ich Berater war, hofften einige, das Konzil würde neue marianische Lehren (Dogmen?) über die Königin Maria, ihre Mittlerschaft und Miterlöserschaft formulieren.

Die Konstitution „Dei Verbum" vermittelte nun

aber in einem ersten kurzen, aber entscheidenden Kapitel von der Offenbarung und folglich vom Glauben ein breiteres und biblischeres Verständnis. Es ist durch folgende drei Züge gekennzeichnet:

a) Die Offenbarung zielt auf den Bund, d.h. die Gemeinschaft mit Gott, und folglich auf Beziehungen zu ihm wie von einer Person zu einer anderen und – was man nur zu sagen wagen darf, weil es Gott zuerst gesagt hat – von Freund zu Freund.

b) Die Offenbarung geschieht nicht nur in Worten, sondern auch und vor allem in Ereignissen und Taten, die allerdings von Worten begleitet werden, die ihren Sinn aufdecken. So sind der Auszug aus Ägypten, der Tod und die Auferstehung Jesu als solche Offenbarungsereignisse. Entsprechend wird von der Tradition ausgesagt, daß sie nicht rein mündlich geschieht, sondern auch in der Weitergabe von Wirklichkeiten, zum Beispiel der Sakramente.

c) Aufgrund dieser beiden ersten Züge wird Christus als die Fülle der Offenbarung vorgestellt: nicht nur wegen seiner Lehre, sondern als konkrete Wirklichkeit, aufgrund dessen, was er ist und was er für uns getan hat. Dies ist für die Deutung der Schrift, einschießlich des Alten Testaments, von Bedeutung. Sie läuft auf ihn zu und spricht von ihm; er ist ihr tiefster Sinn.

3. Dem rein intellektualistischen Begriff von Offenbarung entsprach ein ebenso intellektualistischer Begriff des Glaubens. Glauben war vor allem und sogar wesentlich die Annahme gewisser Wahrheiten aufgrund der absoluten Autorität des sie aussprechenden Gottes. Die Kirche (worunter die Hierarchie verstanden wurde), die diese Wahrheiten übermit-

telt, hat zu einem gewissen Grad an dieser Autorität teil. Gewiß kann der Gehorsam, wie die Bibel bezeugt, nicht aus der Definition des Glaubens gestrichen werden. Und gewiß hat der Glaube auch einen Inhalt; er ist nicht bloßer „Schrei", wie H. Dumery nachgewiesen hat, sondern hat eine dogmatische Dimension. Doch ist der Glaube eine reichere Wirklichkeit, als man durch diesen Begriff zu verstehen gab. „Dei Verbum" definiert ihn in äußerst dichter Form als „Gehorsam des Glaubens, in dem sich der Mensch als ganzer in Freiheit Gott überantwortet, indem er sich ‚dem offenbarenden Gott mit Verstand und Willen voll unterwirft' und seiner Offenbarung willig zustimmt" (Dei Verbum Nr. 5).

Der intellektuelle Aspekt ist hier sogar durch ein Zitat des Ersten Vatikanischen Konzils aufgenommen, doch integriert in eine ganzheitliche Bewegung der Hingabe an Gott, damit er unser ganzes Leben ausrichte.

3. Das Verständnis der Schrift nach „Dei Verbum"

1. Gott hat gesprochen – doch in der Geschichte und in den Worten von Menschen und in menschlicher Sprache. Und zwar nicht in einer überzeitlichen Sprache an sich, die es *als solche* gar nicht geben kann, sondern in der Geschichte und Sprache Davids (10. Jhdt. v. Chr.), Jeremias (7. Jhdt. v. Chr.), Pauli und Johannes', d.h. in Geschichten und Ausdrucksformen, die ihren je eigenen Kontext und Erwartungshorizont haben. „Dei Verbum" erkennt diese Historizität

des Wortes Gottes voll und ganz an; sie ist begründet in seiner Inkarnation und „Kenosis" (wörtlich „Entleerung", „Selbstentäußerung"), die in den traditionellen Begriffen einer „Abstiegschristologie" ausgedrückt werden: Gott steigt herab und wird Mensch unter Menschen. Zudem hatte bereits Papst Pius XII. die Tür zu einer historischen Lesart der Schrift aufgestoßen durch die Enzyklika „Divino afflante Spiritu" vom 30. September 1943 und den Brief an Kardinal Suhard vom 16. Januar 1946. Dies hatte nicht genügt, wie die Angriffe gegen das Bibelinstitut zeigten. Die Konstitution „Dei Verbum" gibt darauf eine spezifische Antwort, indem sie näher ausführt, daß die Verwendung wissenschaftlich-kritischer Mittel bei Lektüre und Studium der Bibel zur genauen Kenntnis dessen dient, *was der Autor* – und durch ihn Gott – *hat aussagen wollen.* Bibelwissenschaftliche Methoden, die durch das Ziel der Schriftauslegung erfordert sind, können und dürfen also legitimerweise mit Maß und Bescheidenheit eingesetzt werden. Damit ist voll anerkannt, daß die Schrift durch historische Umstände und die verwendete Sprache bedingt und in bestimmten literarische Gattungen abgefaßt ist: Es gibt in der Bibel *historische* Berichte, die dem entsprechen, was wir unter Geschichte verstehen (z. B. über das Leben Davids), es gibt *poetische* Texte; es gibt sogar mehr oder weniger erfundene Erzählungen, Fabeln, deren Wahrheit in der Belehrung liegt, die sich daraus gewinnen läßt (Esther, Jona); es gibt *weisheitliche* Texte und solche, die der Gattung der *Apokalypsen* mit ihrer so erstaunlichen Sehweise und Bildwelt angehören, usw.

Will man die Bibel als inspiriertes Buch ernsthaft

lesen, muß man dies alles beachten. Wir verfügen heute dazu über gute Instrumente. Zu beklagen wäre vielleicht eher noch ein Zuviel an Wissenschaftlichkeit, die das Göttliche unter dem Menschlichen ersticken könnte.

2. Sodann sind Nr. 12, § 3 und Nr. 23 der Konstitution zu lesen und zu würdigen. Sie vermitteln uns den innersten Kern eines christlichen, „katholischen" Verständnisses der heiligen Texte. Man muß sie, so wird uns gesagt, unter dem Gesichtspunkt der *Einheit der Schrift* lesen. Gewiß sind sie jeweils auf bestimmte Umstände bezogen und historisch bedingt; ihre Abfassungszeit erstreckt sich über ein Jahrtausend, was ihre große Verschiedenheit erklärt. Doch ist es *eine Absicht Gottes, eine Heilsökonomie,* die in ihnen zum Ausdruck kommt; deren Vollendung und Zentrum und somit auch deren Sinn liegen im Geheimnis Christi. Erinnern wir uns an das, was über Wesen und Ziel der Offenbarung gesagt wurde. Ein deutsches Werk hat jüngst untersucht, in welchem Zusammenhang der Schriftkanon festgelegt wurde. Man hat vier Evangelien nebeneinander beibehalten, obwohl zwischen ihnen Unterschiede und, wenn man auf Einzelheiten achtet, sogar gewisse Widersprüche bestehen. Doch wird dadurch – wie man sehr wohl gespürt hat – die grundlegende Einheit, die die Widerspiegelung der Einheit Gottes selbst und seines Heilsplans ist, nicht aufgehoben.

Die Kirche kann, wie bereits angedeutet, mit dem Bekenntnis ihres Glaubens aufgrund der Offenbarung nicht warten, bis die Spezialisten für Exegese sich geeinigt haben. Sie respektiert deren Arbeit; diese werden aber schließlich bei einem Paulinismus, einem Johannismus, einer lukanischen Interpretation usw. landen. Soll man dann den Glauben aufteilen, so wie bei den Korinthern sich die einen auf Petrus, die andern auf Apollo oder Paulus beriefen? Es ist Aufgabe der Tradition, wie sie in den Schriften der Kirchenväter und den liturgischen Texten hervorragend bezeugt ist, eine Zusammenfassung all dessen anzubieten, was uns in den Texten der Schrift verstreut begegnet. Eine solche Synthese steht offensichtlich in der Gefahr, die Unterschiede zu verwischen, die nicht nur legitimerweise anerkannt, sondern auch als nützlich und wohltuend geschätzt werden müssen. Doch indem die Tradition alles auf das Zentrum des christlichen Mysteriums zurückführt – die Kirchenväter durch ihre theologischen Darlegungen, die Liturgie im unmittelbaren Vollzug der Feier dieses Mysteriums –, stellt sie uns den Einheitspunkt dieser großen Verschiedenheit vor. Sich in die Schule der Tradition zu begeben ist die angemessene Weise, die Schrift in der Kirche zu lesen. Die Konstitution hat übrigens das traditionelle Thema der zwei Tische, von denen uns das Brot des Lebens, Christus, gereicht wird – der Tisch des Wortes und der Tisch der Eucharistie – wieder aufgenommen. Die Messe stellt uns hier sozusagen Vollkornbrot bereit. Wenn wir uns an die Kirchenväter und die Liturgie, die Kirche im Vollzug ist, halten, verliert das irritierende Problem des Unterschieds zwischen dem historischen Jesus und dem Christus des Glaubens seine beunruhigende Spitze, und wir finden den einen im andern wieder.

Hierbei handelt es sich um eine „geistliche" Lesart, was nicht heißen soll, daß sie nebulös, ästhetisch und allegorisierend sein muß, sondern daß sie im Heiligen Geist geschieht. Wie Paulus und Johannes uns sagen, enthüllt sich der Sinn der Schrift, der das christliche Mysterium ausmacht, wenn man in ihr Christus durch den Heiligen Geist sucht (vgl. 1 Kor 12,3; 2 Kor 3,13–18; 1 Joh 4,2). Wenn Christus der Offenbarer und Ausleger des Vaters ist, dann ist der Geist der Exeget Christi. Man soll also um ihn bitten: Jede christliche Handlung verlangt nach einer Epiklese, einer Anrufung des Heiligen Geistes. So wird das im toten Buchstaben niedergelegte Wort geistliches Ereignis und Leben; die Zwangsjacke technisch-exegetischer Schrifterklärung wird durchlässig für die Freiheit und den Glauben, die Früchte des Geistes sind. Nicht umsonst ist das Studium der Schrift „lectio divina“, die Stunde Gottes in der Lektüre, genannt worden – Worte, die den Titel für eine ausgezeichnete Reihe im Verlag „Editions du Cerf“ abgeben.

3. „Dei Verbum“ Nr. 19 bezieht Stellung in der Frage des historischen Werts der Evangelien. Dieser wird entschlossen bejaht, aber mit Nuancen, die bei einer zu schnellen Lektüre dieses ausgewogenen und ein wenig farblosen Textes leicht übersehen werden. Zunächst wird anerkannt, daß im apostolischen Zeugnis durch das Licht der christlichen Oster- und Pfingsterfahrung etwas zur bloßen Aufzählung der Ereignisse oder der bloßen Weitergabe der Worte als solcher hinzugekommen und in gewissem Sinne hinzugefügt worden ist. Dieses „Mehr“ findet seine Erklärung im Wirken des Heiligen Geistes und zugleich auch im Wesen des Bezeugens selbst, wie es von Philosophen wie Jean Guitton und

Gabriel Marcel herausgearbeitet worden ist. Der historische Jesus wird somit vom Christus des Glaubens umfaßt. Sodann wird anerkannt, daß die Evangelien *Kompositionen* sind, in denen jeder Verfasser eine eigene Absicht verfolgt hat: Indem er bestimmte Begebenheiten auswählte, zu bestimmten Formulierungen griff, manches zusammenfaßte oder anderes auf die Situation seiner Adressaten anwandte, redigierte er seine Erzählung so, daß sie dem Ziel seiner Katechese oder seiner Beweisführung entsprach. Doch haben die Evangelisten immer so geschrieben, „daß ihre Mitteilungen über Jesus wahr und ehrlich waren" (DV Nr. 19).

4. Kapitel 6 der Konzilskonstitution über die göttliche Offenbarung „Dei Verbum" handelt von der Heiligen Schrift im Leben der Kirche. Dies geschieht mit dem Ziel, ihr weitere Verbreitung zu verschaffen. Die Schrift soll, so wird gesagt, die Seele aller Theologie und aller Verkündigung sein, wobei nicht nur an die Predigt, sondern auch an die Katechese und an die pastoralen Verlautbarungen, auch und gerade des Lehramtes, gedacht ist. Wie steht es darum heutzutage bei uns? Unsere Zeit hat – Gott sei Dank! – wie kaum eine andere in der Geschichte ein großes Interesse an der Bibel, was sich in liturgischen Lesungen, privater Bibellektüre, in Predigt, Studien und Veröffentlichungen zu biblischen Theman äußert; ja selbst Pilgerfahrten ins Heilige Land, das man als fünftes Evangelium bezeichnet hat, sind in diesem Zusammenhang zu erwähnen, weil sie die Texte auf neue, frische Art und Weise entdecken lassen.

Es gibt aber auch bedauerliche Mängel. Wie viele

Menschen, die eine Bibel besitzen und auch stolz darauf sind, schlagen sie praktisch niemals auf? Wer sucht denn darin jeden Tag das Brot des Wortes Gottes? Wie steht es damit bei mir selbst? Ist nicht zu bedauern, daß so manche Erklärungen und Texte unserer Seelsorger mehr von einer natürlichen Weisheit als aus dem Wort Gottes gespeist werden? Dieses würde ihnen doch einen unbestreitbaren Wert und obendrein wahrscheinlich mehr Gehör verschaffen! Ist die Konstitution vielleicht zu optimistisch, wenn es in ihr heißt: „Das Lehramt ist nicht über dem Wort Gottes, sondern dient ihm, indem es nichts lehrt, als was überliefert ist, weil es das Wort Gottes aus göttlichem Auftrag und mit dem Beistand des Heiligen Geistes voll Ehrfurcht hört, heilig bewahrt und treu auslegt" (DV Nr. 10)?

4. Zusammenfassung

Die Konstitution „Dei Verbum" ist vom gleichen Geist beseelt wie das Konzil als Ganzes. Wir können sie durch zwei Züge kennzeichnen, die sich im Grunde überschneiden:

a) Vergegenwärtigung der alten Tradition im Kontext der Probleme des 20. Jahrhunderts.

Diese Tradition bestand darin, keinen Teil der Schrift von ihrer Gesamtheit zu trennen, denn sie ist durchgängig von demselben Geist beseelt, jenem, der uns das Mysterium des Bundes mit Gott in Christus offenbart. Origenes und andere haben die typologisch-allegorische Schriftauslegung bis in sicherlich bestreitbare Feinheiten hinein betrieben. Was sie aber unter „geistigem Sinn" verstanden und praktizierten, war im Grunde nichts anderes als eine Auslegung im Bezug auf das Ganze und sein Zentrum. Diese heißt „sehen und glauben"; sie besteht darin, im irdischen Menschen Jesus den Sohn Gottes zu erkennen und in einem kulturell und historisch bedingten Text die Sprache Gottes selbst zu vernehmen.

b) „Dei Verbum" verbindet Teilmomente zu einem Ganzen. Dies trifft auch auf das Zweite Vatikanische Konzil insgesamt zu: das Papsttum nicht ohne die Kollegialität der Bischöfe, keine Kollegialität ohne Papsttum, das Wort nicht ohne das Sakrament, kein Sakrament ohne Wort, kein Volk ohne Hirten und kein Hirte ohne Volk, keine feiernde Kirche ohne dienende, Kirche für die Welt nicht ohne Kirche für Gott, keine Schrift ohne Tradition, keine Tradition ohne Schrift! Hier genau liegt das Zentrum unseres Themas. Unsere Konstitution sagt, vor allem in Nr. 10, daß Schrift, Tradition und Kirche (Lehramt) „so miteinander verknüpft und einander zugesellt sind, daß keines ohne die anderen besteht".

3

Begegnung als Geheimnis

Es ist angebracht, zunächst die Begriffe unseres Themas zu klären. Das Wort „Begegnung" versteht sich von selbst. Es ist lediglich anzumerken, daß es nicht nur um Begegnung zwischen Personen geht, sondern auch um solche mit Umständen und Ereignissen, also mit allem, was uns auf unserem Lebensweg begegnet. Das Wort „Geheimnis" wird tatsächlich oft zu Unrecht gebraucht. Hier ist es jedoch am Platz, und zwar in den beiden Verwendungsweisen, in denen es in religiöser Sprache vorkommt: zunächst im Sinn von etwas „Geheimnisvollem", dessen Dimensionen und Tiefe wir nicht voll erfassen können; sodann in dem Sinn, den es bei den Kirchenvätern und in der theologischen Tradition angenommen hat, nämlich zur Bezeichnung einer Wirklichkeit, die sich selbst übersteigt, die Sinn und Wirkung über das an ihr unmittelbar Wahrnehmbare hinaus hat. Das entsprechende Adjektiv heißt dann „mystisch". In diesem Sinne wird etwa die Eucharistie schon Mitte des 12. Jahrhunderts „mystischer Leib" genannt. „Geheimnis" war offensichtlich gleichbedeutend mit „Sakrament". Deshalb hat man bisweilen bis zur selben Zeit etwa die Konsekration von Kirchen, das Mönchsgelübde, den Tod der Gläubigen usw. „Sakramente" genannt.

Was diesen sakramentalen-dynamischen Sinn des Ausdrucks „Geheimnis" begründet und zugleich einschließt, ist die Beziehung der so bezeichneten Wirklichkeiten auf einen Plan Gottes, der sich in unserer Geschichte verwirklicht und in der Endzeit seine wahre, vollkommene Erfüllung finden wird. Wir können diesen Plan mit verschiedenen Begriffen bezeichnen, die seinen Inhalt zum Ausdruck bringen: Heil der Welt, Gegenstand der Agape Gottes oder seiner „Menschenfreundlichkeit" (Tit 3,4). Sofern diese Liebe, diese Menschenfreundlichkeit uns in Jesus Christus erschienen ist, hat sie Knechtsgestalt angenommen. Dies alles hat, wie wir wissen, Seine Fortsetzung in der Kirche, dem Volk Gottes und Leib Christi, gefunden. Sie ist das „allgemeine Heilssakrament", d.h. ebenso wie Christus Dienerin und Zeichen und Werkzeug der Liebe und Menschenfreundlichkeit Gottes. Deshalb können die Überlegungen, die wir über unsere persönliche Existenz anstellen wollen, auf die Kirche übertragen werden und haben auch ekklesiologische Bedeutung. Denn nicht nur die Institutionen und objektiven Gnadenmittel machen das Heilssakrament Kirche aus, sondern auch das Volk Gottes als solches.

1. Begegnung zwischen Personen

Bei Personen weiß man zunächst niemals genau, *wem* man begegnet. Man meint, es zu wissen, doch man weiß fast nichts. Schlimmstenfalls identifiziert man den, dem man begegnet, durch ein Etikett, das man ihm aufklebt, oder eine Kategorie, in die man ihn einreiht: „Das ist ein Bourgeois, ein Kommunist, ein barmherziger Samariter!“ In der Schrift haben wir dagegen Beispiele, aus denen wir sehr viel lernen können.

Abraham sieht zur Zeit der Mittagshitze, wie drei Männer zu ihm kommen (Gen 18). Er empfängt sie und nimmt sie mit ausgesuchter Gastfreundlichkeit auf. Den weiteren Verlauf der Geschichte kennen wir. *Wer* waren sie? Engel? Der Hebräerbrief scheint dies anzunehmen. Der weitere Text läßt eher an einen Besuch Gottes selbst denken. Welche Folgerungen die christliche typologische Schriftauslegung daraus gezogen hat, ist bekannt: „Tres vidit et unum adoravit“ (drei Personen hat er gesehen und einen einzigen Gott angebetet). Allgemein bekannt ist auch die wohl schönste Ikone der Welt, jene von Andrei Rublew, die die Trinität darstellt. Ein anderes Beispiel: Als Jesus sein Kreuz kaum noch tragen konnte, zwangen die römischen Soldaten einen gewissen Simon von Zyrene, der vom Felde kam, es für ihn zu tragen (Mk 15,21). Simon war müde und in Eile, nach Hause zu kommen, um sich auf das Fest vorzubereiten. Er hat vielleicht innerlich geschimpft. Er wußte nicht, *wessen* Kreuz er trug und was dieses Kreuz in der Weltgeschichte bedeuten sollte. Indem das Evangelium ihn als den Vater des Alexander und des Rufus bezeichnet, gibt es zu verstehen, daß er später etwas davon verstanden hat und mit seiner Familie Christ wurde.

Hierbei handelte es sich um Jesus in seiner physischen Wirklichkeit. Seit der Fleischwerdung des Gottessohnes muß man aber, wie wir wissen, von einer Gegenwart Christi in jedem Christen und sogar in jedem Menschenbruder sprechen. „Du sahst deinen Bruder, du sahst deinen Gott!"[5] Wenn auch diese Worte nicht von Jesus gesprochen wurden, so drücken sie doch eine Auffassung aus, die sich durch alle Evangelien zieht: In jedem Jünger, gerade und vor allem in den Kleinsten, hat man es mit dem Herrn zu tun (vgl. Mk 9,41; Mt 10,40–42; für die Kinder vgl. Mt 18,5 u. Lk 9,48). Dies gilt offensichtlich auch für die von ihm Gesandten (vgl. Lk 10,16; Joh 13,20). Man kann sich fragen, ob der Text über das Weltgericht in Matthäus 25,31–46 in gleicher Weise die christlichen Brüder meint oder ob er nicht umfassender Christus mit allen Geringen, Armen, in Not Geratenen und Zu-kurz-Gekommenen identifiziert. Diese zweite Deutung hat unseres Erachtens recht; sie scheint uns christologisch begründet. Die Tatsache der Inkarnation verleiht jeder menschlichen Begegnung eine christologische und auf Gott selbst bezogene Dimension.

Schon im natürlichen Bereich bedingen sich die Menschen gegenseitig, und sogar nicht nur die Menschen untereinander, sondern die ganze Welt, alles, was wir mit unseren Sinnen wahrnehmen, dringt in uns ein und bedingt uns. Im geistlichen Bereich ist die Begegnung zwischen zwei Personen nie ohne Bedeutung. Jede Begegnung kann Anlaß sein, mit dem anderen zu kommunizieren und von ihm „eine geistliche Gabe" zu empfangen, wie Paulus es von seinem Kommen zu den Christen von Rom erwartete (Röm 1,11 f.). Was sich aus solchen Gelegenheiten ergibt und was ihre Bedeutung für das geistliche Leben des anderen wie unser eigenes ist, können wir rein menschlich nicht ausmachen. Jeder empfängt, was er empfangen *kann* und was in jenen geheimnishaften Bauplan unserer selbst paßt, den Gott kennt, der uns aber weitgehend verborgen ist. Wir wissen nicht nur kaum etwas davon, was wir dem anderen bedeuten, wir sollten uns auch davor hüten, zu genau wissen zu wollen, welches unser Beitrag für ihn sein *soll.* Wie könnten wir dies auch, wenn wir ihn lieben und in *seinem* je eigenen geheimnishaften Werden, in *seiner* ganz persönlichen Entwicklung unterstützen wollen?

Diese Bemerkungen werben für eine Spiritualität und Pastoral der vorbehaltlosen Annahme, der Sensibilität und der Offenheit für die sich ergebenden Gelegenheiten und Begegnungen. Wem zu begegnen ist uns von Gott her bestimmt? Wo ist unser Platz in seinem Heilsplan? Paulus sagt von uns Christen allen: „Seine Geschöpfe sind wir, in Christus Jesus dazu geschaffen, in unserem Leben die guten Werke zu tun, die Gott für uns im voraus bereitet hat" (Eph 2,10). Welche sind dies? – Vor allem der Priester, der öffentliches Zeichen der Menschenfreundlichkeit Gottes ist und sowohl die Berufung wie die Gnade hat, Jesus Christus zu offenbaren und Begegnung mit ihm zu vermitteln, hat hierin die Voraussetzungen, um im „geistlichen" Lebensweg derer, denen er begegnet, einen Platz einzunehmen.

Doch was die Einzelheiten und die individuellen Personen betrifft, vollzieht sich die Heilsgeschichte in Ereignissen, die in unseren Augen rein zufällig sind. Um bei biblischen Beispielen zu bleiben und aus den vielen möglichen nur wenige herauszugreifen: Philippus wird auf eine menschenleere Straße gerufen (Apg 8,26) und macht dort eine Begegnung, die mit einer Taufe endet. Hananias war dazu ausersehen und darauf vorbereitet, Saulus zu begegnen (Apg 9,10f.). Die Begegnungen geschehen in gnadenhafter Freiheit, und doch kann die Sensibilität für die jeweilige Situation verschieden groß sein. Glücklich zu schätzen ist, wer in der alltäglichen Routine des Gewöhnlichen sensibel für das Ereignis, für das Kommen des Unerwarteten und Neuen zu bleiben weiß. Ein Beispiel dafür ist der greise Simeon: er hatte die Reinigungszeremonie einer jungen Mutter gesehen; unter dem Antrieb des Geistes konnte er in der gesetzlich vorgeschriebenen Reinigung, die äußerlich allen anderen glich, ein messianisches Ereignis erkennen (Lk 2,25f.).

Der Geist bahnt dem Evangelium ständig einen Weg nach vorn in die noch ausstehende Geschichte. Er ist das Prinzip der Verwirklichung des „Mysteriums" Christi bis zu seiner eschatologischen Vollendung. Er trägt immer weiter; er öffnet die Türen und läßt erkennen, wo für Gott eine Tür offen steht, wie ein von Paulus gern verwendeter Ausdruck lautet (vgl. 1 Kor 16,8f.; 2 Kor 2,12; Kol 4,3; Apg 14,27).

Bereit zu sein zur Annahme des anderen ist eine erstrangige apostolische und pastorale Eigenschaft. Nach dem Verfasser der Pastoralbriefe sollen der Diener des Herrn „zu allen freundlich" (2 Tim 2,24) und der Vorsteher der Gemeinde „gastfreundlich" *(philoxenos)* sein (1 Joh 3,2; Tit 1,8). Dieser Charakterzug ist in der christlichen Tradition so wichtig und spezifisch geworden, daß man darin anderes und mehr sehen muß als nur die Bereitschaft zu großzügiger Gastfreundschaft. In diesem Zusammenhang ist an die Begebenheit am Abend des Ostertages auf dem Weg nach Emmaus zu erinnern und an die wunderbare Homilie Gregors des Großen zu diesem Text: „Der Herr war mit ihnen, ohne sich ihnen zu erkennen zu geben. Er stellte sie auf die Probe, ob sie ihn, da sie ihn noch nicht als Gott lieben konnten, wenigstens als Weggefährten lieben würden."[6] Papst Innocenz III. hat später im Jahre 1204 bei der Approbation der Gründung des Hospitals des Heilig-Geist-Ordens in Rom die Gastfreundschaft als den Inbegriff aller guten Werke, die in Matthäus 25, 31–46 im einzelnen aufgezählt sind, bezeichnet. Sie ist Annahme, und zwar nicht nur affektive, sondern effektive, eines jeden Menschen, dem wir Hilfe bieten können.

2. Begegnung mit Ereignissen

Was wir über die Begegnung mit Personen gesagt haben, trifft auch zu auf die Begegnungen mit Ereignissen und dem, was wir Tag für Tag tun. So wenig wir wissen, *wem* wir begegnen und *was* wir ihm bedeuten oder *was* wir von ihm empfangen werden, so sehr führen uns auch unsere Handlungen weit über das hinaus, was wir wissen.

Dafür ein treffendes Beispiel in der Bibel zu suchen hieße sich die Sache leicht machen, denn darum geht es ja gerade in der Heilsgeschichte im eigentlichen Sinne. Ansonsten hätten wir gern als Beispiel die Haltung Davids nach der Nathansweissagung gewählt. Sie drückt sich in einem großen Dankgebet aus (2 Sam 7, 18–29). David ist sich bewußt, daß Gott mit ihm etwas Großes vorhat, das ihn übersteigt, die Errichtung eines „Hauses" in einer unbekannten, grenzenloser Zukunft. Wenn wir dagegen das Gebet Salomos bei der Einweihung des Tempels lesen, bemerken wir, daß, wenn auch echte religiöse Größe ihm nicht abgeht, doch die Perspektive einer das Unmittelbare überschreitenden, für das Unbekannte offenen Zukunft daraus entschwunden ist. Die Verheißung *ist* bereits *Wirklichkeit* geworden; Salomo hat sie durch den Bau des Tempels ausgeführt. Der Herrschaft Salomos fehlt die prophetische Dimension; an ihre Stelle ist eine „Weisheit" getreten, die sich auf die Gegenwart richtet und deren Grundstrukturen und Rätsel zu deuten sucht.

3. Das Geheimnis menschlicher Entscheidungen

Daß indessen die Gegenwart sich ständig auf eine Zukunft hin überschreitet, die sie als unbekannte in Dienst nimmt, daß unsere Entscheidungen tatsächlich weiter reichen als das, was im Augenblick der Entscheidung überschaubar ist, lehrt uns unsere Erfahrung. Davon zeugt auch die Bibel durchgängig.

„Im Alten Testament ist von einer Reihe von Entscheidungen die Rede, in denen der Mensch Partei ergreifen muß ... Offensichtlich ist das Thema Entscheidung nichts spezifisch Biblisches: Der Mythos von Herkules an der Wegkreuzung vor der Notwendigkeit, zwischen Tugend und Laster zu wählen, bringt eine allgemeine menschliche Erfahrung zum Ausdruck. Die Entscheidung, von der die Bibel spricht, hat jedoch eigene Züge. Sie stellt sich nicht als eine zwischen der Tugend und dem Laster, zwischen äquivalenten Werten mit umgekehrten Vorzeichen. Sie impliziert vielmehr immer einen großen Teil Dunkelheit, sie ist von einer Autorität auferlegt, die sich nicht fassen läßt und ihre Forderungen nicht rechtfertigt. Sie bringt auf einen Weg, dessen Verlauf man nicht kennt und der sich immer nur stückweise erhellt" (J. Guillet).

In dem, was wir den Geheimnisrest unserer Entscheidungen nennen können, lassen sich somit drei Grade unterscheiden. Schon auf natürlicher Ebene des Spiels der menschlichen Freiheit im Geflecht der Ereignisse und der Welt wissen wir niemals genau, wohin uns unsere Entscheidungen führen werden. Gerade deshalb kommt jeweils dem Anfang eine so große Bedeutung zu. Man muß auf ihn besonders achten und ihn mit Gebet begleiten. Auf der Ebene des Glaubens und des Lebens mit Gott erhalten unsere Entscheidungen eine neue Bedeutsamkeit. Denn es gibt einen Plan oder einen positiven Willen Gottes, der sich für uns als eine globale Berufung und als immer wieder ergehende besondere Rufe darstellt. Pater Guillet, den wir zitiert haben, hebt diesen Aspekt schon im Alten Testament hervor. Und doch war das Leben der Juden durch das Gesetz bis ins Kleinste geregelt und bestimmt. Guillet selbst bemerkt, daß in Qumran dieser Aspekt überzogen war und man sich vom Theologisch-Prophetischen entfernt und in einen gewissen Moralismus begeben hatte. Ich selbst bin immer wieder in meinen Begegnungen mit Juden, besonders mit „religiösen" Juden, erstaunt gewesen durch das Fehlen jener Art Unsicherheit, die heute so stark das Gewissen vieler Christen, selbst von Ordensleuten und Priestern, bestimmt. Meine jüdischen Freunde zeigten ein absolutes Vertrauen in ihre Traditionen und eine völlige Sicherheit hinsichtlich des Weges, der zu gehen war. Dies kommt weithin davon, daß ihr Weg durch das das Handeln vorschreibende Gesetz mit seinen 316 Geboten vorgezeichnet ist, wie auch davon, daß die Juden nach den schrecklichen Prüfungen ihres Volkes aus der Treue zu ihren Traditionen ein neues, kräftiges Bewußtsein ihres „Jude-seins" gewinnen.

Das Evangelium ist kein Gesetz, sondern eine Person, Jesus. Es ist ein Ruf, ein personaler An-spruch, der vorwärts treibt, der Heilige Geist. Das Leben des Christen verlangt, auf einen Ruf eine persönliche Antwort zu finden. Dieser Ruf hat in den Seligpreisungen seinen typischen Ausdruck. In ihnen hat uns Jesus aber weder ein Programm für die anzuwendenden Mittel noch ein Rezept, noch ein Gesetz, das man nur wörtlich zu befolgen hätte, an die Hand gegeben. Das Ausmaß des Unbekannten in unseren Entscheidungen ist offensichtlich in einer Religion der Berufung größer als in einer Gesetzesreligion. Bossuet sprach vom „unsagbaren Ernst des Christenlebens". Wir können von seinem „Geheimnis" sprechen in dem Sinn, den wir diesem Begriff am Anfang unserer Überlegungen gegeben haben.

Es gibt jedoch eine gewisse logische Struktur und Kohärenz, die in der Abfolge unserer Entscheidungen eine Verbindung oder Kontinuität herstellt. Unser späteres Verhalten kündigt sich im früheren an und wird darin vorgeformt. In der Theologie der Glaubensentscheidung, besonders jener der johanneischen Schriften, in denen der innere Bezug zwischen den Zeichen und dem Glauben herausgestellt wird, kommt dies klar zum Ausdruck. Nach dieser Theologie wird die innere Haltung gegenüber Gott und seinem Ruf bereits vorgeformt in der Grundhaltung, die wir gegenüber den Zeichen einnehmen. Über Annahme oder Ablehnung des Glaubens ist implizit entschieden, wenn wir uns gegenüber einem angebotenen Zeichen oder Gleichnis in der ersten Begegnung eher öffnen oder verschließen. Der geheilte Blindgeborene ruft aus: „Wer ist es, Herr? Sag es, damit ich an ihn glaube!" (Joh 9,36), während die Pharisäer „auch nicht glauben werden, wenn einer von den Toten aufersteht" (vgl. Lk 16,30f.).

Was verhindert oder ermöglicht, daß wir zur Wahrheit gelangen, ist unsere innere Bereitschaft. Je nachdem wie unsere erste Entscheidung ausfällt, öffnet sich eine Tür zu mehr Licht oder zu tieferer Dunkelheit: „Wer hat, dem wird gegeben werden!" (vgl. Lk 19,26; Lk 8,18; Mt 13,12). Außerdem kommt dem Prinzip dieses Prozesses, der zum Glauben führt oder nicht, der Aufmerksamkeit bzw. der Unaufmerksamkeit, entscheidende Bedeutung zu. Schon die Stoiker hatten die Bedeutung der Aufmerksamkeit erkannt, sodann Augustinus, Thomas und ihre modernen Interpreten. Die Aufmerksamkeit erscheint in der Tat als der grundlegende ethische Wert: Sie ist notwendig, um mit dem Moment des Unfaßbaren in unserem Handeln, seiner Geheimnishaftigkeit nicht nur im Sinne seines Unbekannt- oder Verborgenseins, sondern auch aufgrund seiner Zugehörigkeit zum „Mysterium" des Heilsplanes Gottes, umgehen zu können. Es gibt wenige Themen, die in den synoptischen Evangelien öfter begegnen, als die dringliche Aufforderung zur Wachsamkeit: der Bräutigam oder der Herr kommen unverhofft. Ihr Kommen gereicht nur den Wachsamen und Aufmerksamen zum Heil.

4. Liebe und Heilsplan

Wir haben an anderer Stelle versucht, diese Gedanken auf das Problem des Heils derer, die dem Evangelium nicht begegnet sind, anzuwenden. Dabei ergab sich für uns, daß in den Begegnungen mit dem „verborgenen Gott", in denen keimhaft ein vielleicht unbewußter Glaube entstehen kann, die Haltung zum Nächsten *als Person* von besonderer Wichtigkeit ist. Eine Person ist ja etwas Absolutes (Maine de Biran sagte, daß wir die Wirklichkeit des Absoluten nur als eine Person denken können). Die Person ist etwas, zu dem uns nur die Liebe in ein adäquates Verhältnis setzt. Hier trifft sich somit der zweite Bereich, den wir betrachtet haben, nämlich die Begegnung mit Ereignissen und die damit verbundene Notwendigkeit, in ihnen zu Entscheidungen zu kommen, mit dem ersten Bereich, der Begegnung mit Personen. Wir wissen niemals ganz und gar, *was* wir tun, auf *was* wir uns mit unseren Entscheidungen einlassen. Wir wissen niemals genau, *wem* wir begegnen. Doch Gott ist seinerseits weder eine Sphinx, die ihren Spaß daran hätte, den Menschen Rätsel aufzugeben, noch ein böswilliger Schulmeister, der es darauf angelegt hätte, seine Schüler bei Fehlern zu ertappen. Er, der das verborgene Geheimnis der Personen, der Ereignisse und der Begegnungen kennt, weist uns mit Erbarmen und Liebe darin unseren Ort zu. Sein Plan ist ein Heilsplan; er stammt von jemand, der die Menschen liebt!

4
Aktualität der Pneumatologie

Vom Heiligen Geist möchte ich vor allem unter ekklesiologischem Gesichtspunkt sprechen. Dabei wird auf die Pfingstbewegung einzugehen sein, denn sie betrifft die Ekklesiologie, jedoch in einem umfassenderen Kontext.

Während des Zweiten Vatikanischen Konzils haben orthodoxe und evangelische Beobachter immer wieder den Konzilsvorlagen vorgeworfen, ihnen fehle es an einer Lehre vom Heiligen Geist. Eines Tages – es war während der Debatten zur Kirchenkonstitution „Lumen gentium" – frühstückte ich mit zwei orthodoxen Beobachtern. Sie sagten mir: „Wenn wir ein Schema über die Kirche vorzuschlagen hätten, würden uns zwei Kapitel genügen: eines über den Heiligen Geist und ein anderes über den christlichen Menschen". Diese Kritik wäre vielleicht berechtigt gewesen, wenn sie nur jenen katholischen Traktaten „De ecclesia" (Über die Kirche) gegolten hätte, die fast nur aus einer „Hierarchiologie" bestanden; jene befaßten sich in der Tat fast ausschließlich mit den hierarchischen Vermittlungen und Strukturen und übersahen das transzendente Lebensprinzip der Kirche und das daraus erwachsende Leben. Ein Beispiel dafür ist der Traktat des Jesuiten Domenico Palmieri über das Konzil (1877), den ich vor kurzem untersucht habe: Er erwähnt den Heiligen Geist nicht und zitiert nicht ein einziges Mal den Bibelvers „Wo zwei oder drei in meinem Namen versammelt sind, da bin ich mitten unter ihnen". Ich möchte noch eine persönliche Erinnerung anfügen: Während des Konzils hatte man mich beauftragt, in der Pastoralkonstitution „Gaudium et spes" das Kapitel über die Aufgabe der Kirche in der Welt von heute zu redigieren. (Ich möchte klarstellen, daß es nicht mein Text ist, der schließlich angenommen wurde; I. Hauptteil, IV. Kapitel). Ich hatte darin vom Heiligen Geist gesprochen. Ein bedeutender Theologe, jedoch von vorkonziliarem Geist, sagte mir, nachdem er mich zu meinem Latein beglückwünscht hatte: „Sie sprechen vom Heiligen Geist. Doch Protestanten sprechen vom Heiligen Geist. Wir haben das Lehramt." Später werde ich auf diese kirchliche Situation noch zurückkommen.

Auf dem Konzil war die Anstrengung spürbar, dem Erfordernis einer Pneumatologie nachzukommen. Eine wirklich befriedigende Studie über diesen Aspekt des Konzils gibt es meines Wissens nicht, wohl einige in materialer Hinsicht zutreffenden Zusammenstellungen, die interessant und anregend sind. Ein Beobachter sagte: „Weil der Heilige Geist dreißigmal, sechzigmal (so in „Gaudium et spes") erwähnt wird, gibt es noch keine wirkliche ‚Pneumatologie'." Und ein protestantischer Theologe, G. Westphal, konnte schreiben, die diesbezüglichen Anstrengungen hätten nur dazu geführt, den Text mit „Heiligem Geist zu bestreuen". Ich glaube, daß dieses Urteil ungerecht ist, was man im einzelnen nachweisen könnte. Doch es verpflichtet uns, noch ernsthafter zu fragen und an erster Stelle die Frage zu stellen, was man unter „Pneumatologie" versteht.

Der orthodoxe Theologe Nikos Nissiotis, der am eindringlichsten immer wieder den erwähnten Vorwurf erhoben hat, hat sie folgendermaßen definiert bzw., besser gesagt, beschrieben: „Eine wirkliche Pneumatologie schildert und deutet das Leben in der Freiheit des Geistes und in der konkreten Gemeinschaft der geschichtlichen Kirche, deren Wesen weder in ihr selbst noch in ihren Institutionen liegt." Die Formulierung ist nicht sehr klar und kann es zweifellos nach Auffassung der Orthodoxen auch nicht sein. Ich verstehe sie folgendermaßen: Das Leben in der Freiheit des Geistes ist das Leben, das der Christ in persönlicher, schöpferischer Freiheit führt und das vom „Establishment" nicht völlig vorgeschrieben werden kann. Es begründet und erfordert Gemeinschaft, und zwar nicht eine vage „Gemeinschaft der Heiligen" in einer unsichtbaren Kirche, sondern die Gemeinschaft der konkreten Kirche. Diese kann sich aber nicht von der Gnade loslösen, die ihr von oben gegeben ist; sie besitzt nicht in sich selbst und als solche die Heiligkeit als ihr Lebensprinzip, sondern muß sie erflehen und empfangen.

Um besser erfassen zu können, was die Erneuerung der Pneumatologie heute ausmacht, mag eine Erinnerung an die frühere Situation hilfreich sein. Dabei rede ich nur von jener der Theologie bzw. jenen Gegebenheiten, die ausdrücklich thematisiert wurden. Denn ich bin fest überzeugt, daß der Heilige Geist in der Kirche in verschiedenen Weisen und auf unterschiedlichen Ebenen immer am Werk gewesen ist. Sein Wirken wurde sogar seit jeher in den verschiedenen Traktaten der Dogmatik in Anschlag gebracht. Doch geschah dies in unbefriedigender Weise. Wie sah nämlich diese Rede vom Heiligen Geist tatsächlich aus?

Da gab es zunächst eine Theologie der Trinität und der dritten göttlichen Person. Was sie betrifft, ist, wie ich meine, der lateinische Westen dem griechischen oder syrischen Osten keineswegs unterlegen. Die Theologie hatte jedoch die Tendenz, der allgemeinen Bewegung zu folgen, die jene Punkte hervorhob, bezüglich deren es Auseinandersetzungen oder Häresien gab. Dies läßt sich zum Beispiel feststellen anhand des Artikels über den Heiligen Geist im „Dictionnaire de Théologie Catholique", der 1913 erschien. Neuere Lexikonartikel scheinen weniger stark auf diese Punkte fixiert. Vor allem finden sich nun jedoch etliche Veröffentlichungen, in denen die ganze reiche Tradition aufgenommen und vergegenwärtigt wird oder eine Theologie des Heiligen Geistes in seinem Zusammenhang mit Gott und mit der Heilsgeschichte zu entwickeln versucht wird. Ich denke dabei besonders an die Schriften von Heribert Mühlen. Immer wieder legt er dar, daß, wenn der Vater das „Ich" und der Sohn das „Du" ist, der Heilige Geist das „Wir in Person" darstellt; er zeigt auch die Kirche in ihrer Verbindung mit der Ausgießung des Geistes auf Christus bei seiner Taufe – und nicht mit der Inkarnation, deren „Fortsetzung" sie dann wäre (ein von Möhler übernommenes Thema der Römischen Schule des 19. Jahrhunderts): Derselbe Geist, das „Wir in Person", ist in Christus und in der Kirche, seinem Leib.

In der Sakramententheologie sprach man wenig

über den Heiligen Geist, abgesehen von seinen besonderen Gaben im Zusammenhang mit der Firmung. Man sah in ihr ein etwas sperriges Sakrament und sprach ihr keine große Auswirkung auf den gelebten Glauben zu, vielleicht gerade deshalb, weil ein lebendiges Bewußtsein von der besonderen Funktion des Geistes über jene des Logos hinaus fehlte. Das Fehlen einer Epiklese in der römischen Eucharistieliturgie ist gewiß einer der Gründe, warum sich im Westen das Bewußtsein von der Rolle des Heiligen Geistes in der Eucharistie – und zwar nicht nur bei der Konsekration der Gestalten, sondern in der Kommunion – nicht entwickelt hat. Entsprechende Aussagen fehlten weder bei den Theologen noch bei den geistlichen Schriftstellern und Hagiographen; doch diese wurden nicht in spürbarer Weise fruchtbar, wenigstens bis vor wenigen Jahren. Hier hat sich die theologische Situation heute um einiges gebessert.

In der Ekklesiologie wurde der Heilige Geist öfter erwähnt, jedoch in welcher Weise? Das von Augustinus stammende Thema des Heiligen Geistes als Seele der Kirche war aus dem augustinischen Zusammenhang herausgelöst worden und diente vor allem dazu, die Sicherheit des Handelns der kirchlichen Institution zu begründen. Das ist auch der Grund, warum die Protestanten ihm im allgemeinen zurückhaltend gegenüberstanden. Bei Augustinus kam dem Heiligen Geist, als *caritas* und *unitas*, jenseits der christologisch begründeten Institution der Ämter und Sakramente die Aufgabe zu, deren Heilswirksamkeit innerhalb der von der ganzen *ekklesia* getragenen Liebesgemeinschaft zu vermitteln. In der nachscholastischen Ekklesiologie ist es seine Funktion, sicherzustellen, daß die Handlungen der Institution, Sakramente und Lehraussagen, ihren Wert aus sich selbst heraus (ex sese) haben. So kommt er etwa im Konzil von Trient und in jener ganzen Epoche oft als Garant der Treue zur Tradition zur Sprache, in modernerer Zeit als Garant der Aussagen des Lehramtes. Die geistlich-persönlichen Aspekte des Wirkens des Heiligen Geistes wurden unter „Spiritualität" abgehandelt, und zwar in einem Klima, das man heute als Privatisierung bezeichnet. Man sprach dann tiefsinnig und mit einer gewissen Breite von der Einwohnung des Heiligen Geistes in den Seelen der Gerechten und von den Gaben des Heiligen Geistes, so wie sie Thomas systematisiert hatte. Doch dies hatte kaum Einfluß auf die Ekklesiologie, weil die Anthropologie, die Lehre vom christlichen Menschen, aus ihr ausgewandert war, und diese infolgedessen manchmal nur noch eine juridische Institutionstheorie darstellte. Selbst die Charismen wurden im Sinne persönlicher Berufung verstanden und ihre Auswirkung auf die Strukturen der Kirche nicht gesehen. Sie kamen vor allem bei den Heiligen, heiligen Ordensgründern beispielsweise, zur Sprache. Daß Gott auf diese Weise seine Kirche in jeder Epoche mit dem versehen hat, was sie brauchte, wurde dabei durchaus gesagt – doch auch hier wiederum fast nur als Rechtfertigung der Institution.

Ich möchte nicht zu schwarz malen und bin mir bewußt, etwas zu vereinfachen, jedoch ohne zu karikieren. Es sei nochmals gesagt, daß der Heilige Geist im Leben der Kirche stets gegenwärtig war. Was das thematische, systematische Nachdenken betraf, hatte man aber keine pneumatologische Ekklesiologie.

In diesem Punkt vollzieht sich gegenwärtig ein Wandel, dessen Motive und Richtungen ich angeben möchte.

Er ist meines Erachtens in erster Linie der neuen, größeren Bedeutung der Laien in der Kirche zu verdanken. Zu der Zeit, als die Kirche eine mächtige Kraft war, „sicut acies ordinata" (wie ein diszipliniertes, geordnetes Heer) – ein früher häufig verwendeter Ausdruck –, beherrschte der Klerus alles; er machte die Kirche aus. Den Laien kam kaum mehr als die Aufgabe der Verteidigung nach außen im öffentlichen, politischen Leben zu. Innerkirchlich hatten sie zu gehorchen und ihren Hirten gelehrig zu folgen. In meinem Buch von 1953 über die Laien habe ich mehr als einen bezeichnenden Text dafür angeführt. Inzwischen hat sich die Situation verändert, bei uns in Frankreich zum Teil dank der Katholischen Aktion. Die Laien haben, ausgehend von den im Gewissen erkannten Forderungen des Evangeliums, ihre Verantwortung als Christen erkannt und wahrgenommen, jenseits der amtskirchlichen Direktiven, ohne sie – oft gab es keine – und im weltlichen Bereich manchmal auch gegen sie. Auf diese Weise hat sich etwas gebildet, was ich eine Infrastruktur eines christlichen Menschen nennen möchte. Dies ist natürlich nicht in dem Sinne zu verstehen, als ob es vorher keine wahren Christen gegeben hätte. Keineswegs! Doch nun gab es mehr und mehr Christen, die ihr Handeln und ihren Lebensstil aufgrund persönlicher Gewissensentscheidungen selbst bestimmten. Dies trifft heute auch für die innerkirchlichen Probleme zu, und zwar in einem Augenblick, da sich die Kirche als Minderheit und manchmal in einer Diasporasituation sieht. Sie versteht sich infolgedessen eher nach dem Modell einer Kirche aus Bekennern als dem einer Volkskirche.

Gleichzeitig kam es zu einer Rückbesinnung auf die biblischen und patristischen Quellen sowie zu ökumenischen Kontakten, von denen wir noch später sprechen werden. Dies alles wirkte sich dahingehend aus, daß die Kirche weniger als „Establishment" denn als Gemeinschaft der Gläubigen gesehen und die Anthropologie wieder in die Ekklesiologie integriert wurde.

Dies alles bedeutete auch eine Wiederentdeckung der Pneumatologie. Denn der Geist ist es, der Christus im Innern der Menschen lebendig werden läßt, der die Gewissen inspiriert und Initiativen weckt.

In den letzten Jahren – seit dem Konzil, in Frankreich vor allem aber seit 1968 – hat sich diese Haltung einer persönlichen freien Initiative ausgebreitet und neue Formen angenommen. Das Positive daran ist das Bedürfnis, sich selbst einzubringen, zu kommunizieren und sich mit anderen über das, was man persönlich erfahren hat, auszutauschen. Negativ zu werten ist eine allzu vereinfachende Kritik am „Establishment", das Desinteresse an Institution überhaupt und generell an allem, was vorgegeben, überliefert und nicht selbst gemacht ist. Oft genug gibt es da auch ganz einfach die Lust, etwas anderes oder gar das Gegenteil von dem zu tun, was früher galt. Bei all dem beruft man sich auf den Heiligen Geist als eine Kraft der Freiheit und dem Prinzip von Kreativität und Erneuerung.

Man stößt sogar auf etwas ziemlich Eigentümliches: Wenn vom Heiligen Geist gesprochen wird, geschieht dies im allgemeinen in Ausdrücken der Macht. Wir haben gesehen, daß er in der Vergangenheit oft dazu herhalten mußte, Institution und Autorität zu rechtfertigen. Heute berufen sich manche Gläubige auf den Heiligen Geist, wenn sie dem Klerus, der Institution, der Hierarchie das Recht bestreiten wollen, allein die Regeln christlichen Verhaltens zu bestimmen. Man will beispielsweise selbst entscheiden, ob man kirchlich heiratet oder nicht, ob man seine Kinder taufen läßt, ob man überhaupt welche haben will usw. Nicht nur gegenüber der päpstlichen Lehre in „Humane vitae" nimmt man sich diese Freiheit heraus, sondern auch gegenüber etlichen Punkten der traditionellen kirchlichen Lehrverkündigung.

Ich führe dies alles nicht als modellhaft für die Pneumatologie an. Bei der Berufung auf den Heiligen Geist muß man heute wohl auch ernsthaft nach Maßstäben der Unterscheidung der Geister und des Geistes suchen, denn es kommt vor, daß man sich auf ihn unbesehen für alles und jedes beruft. Die angesprochene Situation macht aber einen nicht unwichtigen Faktor im allgemeinen Klima aus und muß, wenn es um die Aktualität einer Pneumatologie geht, berücksichtigt werden. Wir wollen versuchen, tiefer und in weniger zweifelhafte Zonen derselben vorzudringen.

Wenn wir dies tun, stoßen wir auf die Rückbesinnung auf die biblischen Quellen und die Wiederentdeckung der tiefen theologischen Anliegen der Kirchenväter, sodann auf die Einflüsse des Ökumenismus und schließlich auf die Bewältigungsversuche einer ziemlich neuen Situation der Verkündigung und der Seelsorge. Dies alles hat sich im Konzil ausgewirkt. Das Konzil ist aber kein Endpunkt, sondern die Bewegung ist danach weitergegangen. Zu was diese Einflüsse in dem Bereich, der uns interessiert, geführt haben, soll im folgenden dargestellt werden.

Aus einer Sicht der Kirche als fertig gegebener Gesellschaft, als eines großen, wohlgeordneten heiligen Mechanismus ist die einer Kirche geworden, die in der Gegenwart aktiv von Gott gestaltet wird. Die erste Sichtweise läßt sich durch ein Wort Möhlers verdeutlichen, das ich schon oft zitiert habe und mit dem er das ihm überkommene Denken des 18. Jahrhunderts, gegen das er sich wandte, zum Ausdruck gebracht hat: „Gott hat die Hierarchie geschaffen und somit ist für die Kirche bis zum Ende der Zeiten ausreichend gesorgt." Diese Sicht wird nun hinter sich gelassen; das Konzil hat dies in zweifacher Hinsicht getan: vertikal durch eine neue Konzentrierung auf das aktuelle Handeln Gottes und horizontal, indem die Gaben Gottes in allen Gläubigen anerkannt werden. Doch dieses „Horizontale" ist nichts anderes als die Auswirkung des freien Geschenks des „Vertikalen" – der Pneumatologie!

Es ist Gott, der seine Kirche baut und der uns beruft (Röm 1,6; Volk Gottes, Kirche/Gemeinde Gottes: 1 Kor 1,1; 2 Kor 1,1). Es ist Gott, der die Gnadengaben austeilt (1 Kor 12,4–11). Es ist Gott, der wachsen läßt (1 Kor 3.6). Von Christus her erhält der ganze Leib Zusammenhalt und Harmonie (Eph 4,16). Es ist Gott, der die einen zu Aposteln, die anderen zu Lehrern und Propheten gemacht und jedem seinen Ort im Leibe Christi zugewiesen hat (1 Kor 12, 28). Von Christus spricht Paulus nicht so sehr als dem Gründer – der in der Vergangenheit eine „societas perfecta", eine vollkommene Gesellschaft errichtet hat – sondern als dem immer gegenwärtigen Grund (vgl. 1 Kor 3, 11 f.). Damit wird die Institution als solche nicht abgelehnt, doch verhindert das, daß alles in ihr aufgeht.

Christus hat ja seinen lebendigen Leib nicht nur durch sichtbare, dauerhafte sozial-institutionelle Mittel – die ich gern „Bundesstrukturen" nenne, also Sakramente, Apostolat und die daraus hervorgegangenen Dienstämter – auferbaut, sondern er hat alle Gläubigen berufen, dazu ihren Beitrag zu leisten, indem sie ihre natürlich-gnadenhaften Gaben, die sogenannten Charismen, in den Dienst seines Werkes stellen. Schon die Enzyklika „Mystici corporis" vom 19. Juni 1943 hatte die Charismen in die Ekklesiologie eingeführt und vom Heiligen Geist als dem inneren Lebensprinzip des mystischen Leibes gesprochen. Sie tat dies in der ihr eigenen Perspektive und ihrem besonderen Kontext, die von einer strengen Ineinssetzung von mystischem Leib Christi und hierarchisch verfaßter römisch-katholischer Kirche ausgingen. Kontext und Perspektive des Konzils dagegen sind die des Volkes Gottes, das sich in der Weltgeschichte auf dem Weg zur eschatologischen Vollendung befindet. Das Konzil hat den Charismen breiten Raum eingeräumt. In der nachkonziliaren Situation wurden sie von neuem betont oder, besser ausgedrückt, ihr ekklesiologischer Wert voll anerkannt.

An erster Stelle ist die Verschiedenheit der Gaben anzuerkennen sowie ihre Einheit, die sich gerade von dieser Verschiedenheit aus ergibt. „Es gibt verschiedene Gnadengaben, aber nur einen Geist. Es gibt verschiedene Dienste, aber nur einen Herrn. Es gibt verschiedene Kräfte, die wirken, aber nur einen Gott: er wirkt alles in allem. Jedem aber ist die Offenbarung des Geistes geschenkt, damit sie anderen nützt" – dem einen diese, dem anderen jene. „Doch dies alles bewirkt der eine und gleiche Geist, der einem jeden seine besondere Gabe zuteilt, wie er will." (1 Kor 12,4–11).

Es ist somit Gott, der in der Freiheit des Geistes die verschiedenen Gaben austeilt, welche die Gläubigen zu gegenseitigem Dienst für ihr gemeinsames christliches Leben und zum Zeugnisgeben durch diesen Dienst einsetzen sollen. Alle können und sollen dazu beitragen. Hier ließen sich die sehr dichten Texte aus dem Dekret über das Laienapostolat „Apostolicam actuositatem" (Nr. 3, 4) oder dem Dekret über die Missionstätigkeit der Kirche „Ad gentes" (Nr. 28, 1) zitieren. In ihnen wird aus einer wirklichen Pneumatologie heraus eine Theologie der Charismen geboten, die von weittragender ekklesiologischer Bedeutung ist. Eine Stelle aus dem Dekret über das Laienapostolat" Apostolicam actuositatem" mag genügen:

„Aus dem Empfang dieser Charismen, auch der schlichteren, erwächst jedem Glaubenden das Recht und die Pflicht, sie in Kirche und Welt zum Wohl der Menschen und zum Aufbau der Kirche zu gebrauchen. Das soll gewißt mit der Freiheit des Heiligen Geistes geschehen, der ‚weht, wo er will' (Joh 3,8), aber auch in Gemeinschaft mit den Brüdern in Christus, besonders mit ihren Hirten."

Diese pneumatologische Ekklesiologie läßt sich in fünf Punkten herausarbeiten:

1. Die Kirche ist keine abgeschlossene Größe, sondern baut sich ständig auf oder, besser gesagt, wird von Gott auferbaut. Nicht alles ist gleichsam vorgefertigt, der Rahmen nicht genau abgesteckt. Es gibt Raum für das, was die einzelnen beizutragen haben, in diesem Sinne für ihr schöpferisches Handeln.

2. Die Kirche hat die Fülle des Geistes nur in der Gesamtheit der allen ihren Gliedern gegebenen Gaben. Sie ist keine Pyramide, bei der alles von der Spitze abzuleiten wäre – eine Vorstellung, die jahrhundertelang das Bewußtsein beherrschte. Die Kirche ist Gemeinschaft (communio). Gewiß hat sie eine Struktur, was dem Ausdruck „hierarchische Gemeinschaft" einen wirklichen Inhalt verleiht. Sie ist auch konkrete Gemeinschaft, was bestimmte Erfordernisse und Formen mit sich bringt; es geht nicht an, sich aus der konkreten Wirklichkeit in ein Ideal zu flüchten, ebenso wenig wie es möglich ist, die vielfältige Wirklichkeit dieser Gemeinschaft auf das zu reduzieren, was zu einer bestimmten Zeit oder in einer bestimmten sozialen Schicht, Schule oder Tradition gängige Vorstellung ist, und auch nicht einzig und allein auf das zu setzen, was hier und heute im Vordergrund der Aufmerksamkeit steht. Gemeinschaft heißt Offenheit für die Fülle.

Dies gilt nicht nur für die Gemeinden und besonderen Gemeinschaften, in denen die Gaben eines jeden einzelnen Christen anerkannt werden müssen, sondern auch für das Verhältnis der Ortskirchen zur universalen oder katholischen Kirche, in der es heute um die Wiedergewinnung des Eigenwertes der Ortskirchen geht. Einer meiner Mitbrüder hat einem Artikel den Titel gegeben: „Weil die Kirche katholisch ist, muß sie partikular sein." Sie ist tatsächlich nur katholisch, wenn sie die in allen Kirchen vorhandenen Gaben in ihre Gemeinschaft aufnimmt und sammelt. Keine kann zur anderen sagen: „Ich bin nicht auf dich angewiesen" (vgl. 1 Kor 12,21). Dieser Gedanke ist natürlich von großer ökumenischer Tragweite.

3. Feinsinnigkeit ist eine Eigenschaft des (menschlichen und göttlichen) Geistes. Deshalb kann er als ein und derselbe das Universum erfüllen, in jedem Menschen wohnen und dabei dessen eigene Persönlichkeit vollkommen respektieren (vgl. 1 Kor 2,10f.; Gal 4,6: der Geist, der in unsere Herzen gesandt ist). In diesem Sinn wird (oder wurde) in der Pfingstliturgie die Stelle aus dem Buch der Weisheit 1,7 auf den Heiligen Geist angewendet. Freiheit ist ebenfalls eine Eigenschaft des (menschlichen und göttlichen) Geistes (vgl. Joh 3,8; 1 Kor 12,11; 2 Kor 3,17). Dem Heiligen Geist muß in gewisser Weise eine eigene Wirksamkeit zugesprochen werden – „durch Appropriation", wie die Theologie sagt, ohne damit doch die ganze Wirklichkeit, die mit diesem Begriff angezielt ist, erfassen und die einschlägigen Andeutungen der Schrift befriedigend auf den Begriff bringen zu können. Man muß also, so gut man kann, von der Freiheit des Geistes sprechen. Doch Eigenständigkeit im Hinblick auf den Inhalt seines Wirkens kann ihm nur zugeschrieben werden um

den Preis, aus ihm einen bloßen „Stellvertreter Christi", ein bloßes Ausführungsorgan Christi zu machen. Man kann aber den Heiligen Geist nicht von Christus trennen. Der Geist läßt das Werk Christi in Ereignissen Gegenwart werden.

Dies hat Bedeutung für das Verständnis der institutionalisierten Ämter inmitten der verschiedenen Charismen und der aus ihnen hervorgehenden Dienste. Unter „Dienst" verstehe ich eine Dienstleistung des Christen für die Gemeinschaft, die einige verläßliche Stabilität besitzt und offiziell anerkannt ist. Doch der Dienst der ordinierten Amtsträger, besonders der Bischöfe und Priester, deren Hauptaufgabe der Vorsitz bei der Eucharistie ist, gehört zu dem, was ich die Bundesstrukturen genannt habe, d.h. Wirklichkeiten im menschlich-sozialen Bereich, die in sichtbarer und dauerhafter Weise wahrgenommen werden, um das Werk des fleischgewordenen Wortes zu tun. Diese Unterscheidung würde erlauben, die These, die vor kurzem ein Schüler Hans Küngs, Gotthold Hasenhüttl, vorgetragen hat, wonach die Charismen das Ordnungsprinzip der Kirche sind, genauer zu fassen. Man kann ihr zustimmen, sofern man unter die Geistesgaben auch die zählt, die an jenes Sakrament gebunden sind, dessen richtige und genaue Bezeichnung „ordo" lautet und das einen eigenen, die Gemeinschaft der Kirche strukturierenden Wert besitzt. Aufgabe der institutionalisierten Ämter, die aus diesem Sakrament hervorgehen, ist es, die Beziehungen zum Werk des fleischgewordenen Wortes und der Apostel zu bezeichnen und zu garantieren, indem sie für Einheit innerhalb und zwischen den Gemeinschaften sorgen und die Verbindung mit dem apostolischen Ursprung sichtbar machen und garantieren. Von daher kommt ihnen die Funktion zu, die Charismen und ihre Ausübung zu überwachen, die die Tradition und das Konzil den Aposteln und ihren „Nachfolgern" beigelegt haben.

In diesem Sinne wendet sich Thomas von Aquin, nachdem er durch seine Lehre vom „neuen Leben", das grundlegend in der Gnade des Heiligen Geistes besteht, eine evangeliumsgemäße Sichtweise begründet hat, gegen einen möglichen Mißbrauch dieser Lehre im Sinne einer privaten Pseudo-Inspiration mit den Worten: „Wer vom Heiligen Geist geleitet wird, unterwirft sich den menschlichen Gesetzen"[7]. Festzuhalten bleibt nur noch, daß Mißbrauch in doppelter Richtung möglich ist: in pseudo-charismatischer Anarchie und in Legalismus und autoritärem Klerikalismus, die jedwede Initiative neutralisieren.

4. Deshalb ist es so wichtig, durch Anerkennung des Wirkens des Geistes der Ekklesiologie eine trinitarische Struktur zu geben. Jugendlichen im Schulalter mag man es nachsehen, wenn sie meinen, das trinitarische Dogma habe keine Konsequenzen für das Leben des Christen – wie sich aus einer neulich in Belgien angestellten Untersuchung ergab –, doch Theologen müssen weiter denken. Ein trinitarisches Modell der Kirche bedeutet, ihr Wesen als Gemeinschaft von Personen anzuerkennen und zu begründen; es heißt auch, die Verschiedenheit der Situationen, die Kommunikation und Austausch nötig macht, anzuerkennen und zu begründen. Dies bedeutet konkret, daß die Hierarchie nicht in sich selbst kreist und die Bewegung des Geistes keine Einbahnstraße ist. Die Hierarchie hat kein Monopol

auf den Geist, so als ob sie über ein Reservoir verfügte, aus dem sie von oben austeilen könnte. Er wohnt auch in den Gläubigen, und die geweihten Priester müssen zunächst selbst einmal Gläubige sein. Wie heilsam ist da in theologischer und zugleich seelsorgerlicher Hinsicht das Wort, das Augustinus immer wieder gesprochen hat: „Vobis sum episcopus, vobiscum christianus" – Für euch bin ich Bischof, mit euch Christ, d.h. Diener, Lernender und Schüler ebenso wie ihr, mit euch zusammen unter dem, der allein der Hirte ist. Damit ist eine Wechselwirkung zwischen der institutionellen Funktion der Repräsentation Christi und dem personalen Leben in der Gnade des Heiligen Geistes ausgesagt.

5. Auf der Linie der Beziehungen zwischen Christus und dem Heiligen Geist ist schließlich auch das Verhältnis zwischen dem Gegebenen und dem Kommenden zu sehen. Hier muß die Verheißung des Herrn in ihrem Wortlaut zitiert werden: „Noch vieles habe ich euch zu sagen, aber ihr könnt es jetzt nicht ertragen. Wenn aber jener kommt, der Geist der Wahrheit, wird er euch in die volle Wahrheit führen. Denn er wird nicht von sich aus reden, sondern was er hört, wird er reden, und das Kommen wird er euch verkünden. Er wird mich verherrlichen; denn von dem, was mein ist, wird er nehmen und euch verkünden" (Joh 16,12–14). Wir erkennen hier eine Spannung und eine Kontinuität zugleich zwischen dem, was der vorösterliche Christus gesagt hat, und dem, was der Pfingstgeist sagen wird, eine Art Dialektik von Gleichbleibendem und Neuem, wobei beide sich nicht widersprechen, sondern zwei Aspekte derselben Wirklichkeit, der Heilsge-

schichte, darstellen. Dieser Punkt verdient etwas genauer betrachtet zu werden.

Was mit Christus gegeben ist, muß in der Geschichte noch eintreten auf bisher noch nicht realisierte Art und Weise. Die Geschichte ist die Verwirklichung des Noch-nicht-Gekommenen. Dies ist die Zeit des Geistes. Sie ist identisch mit der Zeit Christi, aufgrund der besonderen Sendung des Geistes folgt sie aber der Zeit Christi nach als Frucht seiner Auferstehung (vgl. Joh 7,39). Sie verwirklicht die Absicht Christi, wie besonders die johanneischen Schriften zum Ausdruck bringen. Ihnen zufolge soll das, was Christus in der Zeit seiner leiblichen Existenz (in carne) gelebt hat, in seinen Jüngern eine dynamische Zukunft erhalten. Diese Dynamik steht im Zeichen des „anderen Trösters". Er trägt als „Angeld" unseres eschatologischen Erbes das Leben Christi in den Seinen und sogar – hier überschreitet man allerdings die unmittelbar johanneische Sicht – den Heilsplan Gottes für die Welt und ihre Geschichte insgesamt unablässig nach vorn, der Vollendung entgegen. Man darf das Wirken des Geistes sogar in der sogenannten profanen Welt am Werk sehen gemäß dem Wort des Ambrosiasters: „Omne verum, a quocumque dicitur, a Spiritu Sancto est" (Jede Wahrheit, woher sie auch stammen mag, hat den Heiligen Geist zum Ursprung). Der Geist erscheint so als Gott-vor-uns, als der ständig vorwärts rufende Gott, als göttliches Prinzip des Neuen und der Erneuerung, als eschatologische Gabe, die schon in der Geschichte am Werk ist. Dies hat Bischof Hazim, der orthodoxe Metropolit von Lattakije, auf der Eröffnungssitzung der Vollversammlung des Weltkirchenrates von 1968 in Uppsala in kraftvollen, schönen Worten formuliert. Wird der Geist im Glaubensbekenntnis nicht als der bezeichnet, „der gesprochen hat durch die Propheten" ? Das macht die Besonderheit seiner Sendung aus. Da jedoch die „ökonomische" Trinität das innere Wesen der Trinität offenbart, ist in all diesem zu erkennen, was wir die hypostatische Kennmarke des Geistes im gemeinsamen Wirken der drei Personen genannt haben. Etwas vom Tiefsten, was über den Heiligen Geist gesagt wurde, ist der Titel eines Artikels von H. U. von Balthasar: „Der Unbekannte jenseits des Wortes."

Das bisher Gesagte vermittelt uns zweifellos eine Ahnung davon, wie wichtig, ja lebenswichtig, die Pneumatologie für die Theologie ist. Es genügt nicht, sich in billiger Weise auf den Heiligen Geist zu berufen. Ich mag das Wort Bonhoeffers vom „Preis der Gnade" sehr: Die schwierigen, dringlichen Fragen, die uns heute gestellt sind, fordern uns auf, diesen Preis der Gnade durch die Ernsthaftigkeit, mit der wir aus einer Gebetshaltung heraus über sie theologisch nachdenken, zu bezahlen. In dieser Hinsicht kann uns die Pfingstbewegung eine Hilfe bedeuten. Es scheint ja, daß die Pfingstbewegung – abgesehen von mehr oder weniger spektakulären Erscheinungsformen und einer gewißen Vorliebe für gefühlsbetonte Erfahrungen, an denen die innere Begeisterung erprobt und gemessen werden soll – eine Schule tiefen Gebets sein kann. Und gerade dies brauchen wir. Vielleicht ist sie zu wenig theologisch – man kann aber auch sündigen durch zu viel Theologie! –, vielleicht ist sie zu sehr auf Innerlichkeit ausgerichtet und der „Privatisierung" des religiösen Lebens förderlich, da heute doch seine sozialen und politischen Implikationen eingefordert werden. Doch es ist gut, daß es eine rein spirituelle Strömung gibt, die sich nicht von der verbreiteten Sorge um unmittelbare Aktualität und Effektivität anstecken läßt!

Eine Pneumatologie, die diesen Namen verdient, legt im übrigen Wert sowohl auf soziales Handeln wie auf religiöse Innerlichkeit, persönliche Begeisterung und innerkirchliche Aktivität.

Eine Schlußbemerkung sei erlaubt: Ich habe die wichtigsten Äußerungen einer Erneuerung der Pneumatologie vor allem im Leben der Kirche beschrieben und dabei kaum die theologischen oder dogmatischen Überlegungen berührt, die im Gange oder zu wünschen sind; diese betreffen Themen wie: der Heilige Geist als Prinzip der Einheit des mystischen Leibes, der eine und selbe Geist in Christus und in den Gliedern seines Leibes (ein traditioneller Gedanke in der Scholastik, der vom Konzil aufgenommen und von Heribert Mühlen neu systematisiert worden ist), Heiliger Geist und Mission, die Rolle des Heiligen Geistes bei den Sakramenten, beim Kommunionempfang, Heiliger Geist und „Verdienst"; und schließlich die Möglichkeit einer Übereinstimmung zwischen der östlichen und lateinischen Tradition, von der ich überzeugt bin, wenn man das Gegensatzdenken und eine zu oberflächliche Behandlung beider Traditionen überwindet. Doch die Hauptsache ist, daß der Geist aktiv gegenwärtig und lebendig ist in unserer Existenz. Daran glaube ich von ganzem Herzen. Ich bete unaufhörlich zu Gott, daß er seine Verheißungen an uns erfüllt, da nach der Schrift der Geist der Verheißene, das Angeld unseres Erbes als Kinder Gottes ist.

5

Theologie des Heiligen Geistes und charismatische Erneuerungsbewegung

1. Theologie des Heiligen Geistes aufgrund christlicher Erfahrung

Viele Menschen machen oft Erfahrungen wie diese: Sie verspüren ein Interesse für die Heilige Schrift, Liebe zu Jesus und den Wunsch, ihr Leben von ihm her, aus seiner Eucharistie, zu führen; sie finden Geschmack am Gebet und manchmal, wenn auch selten, überkommt sie eine Art Gebetswallung, ähnlich wie man von einer Hitzewelle überfallen wird. Sie spüren ein Bedürfnis, mit anderen zu kommunizieren trotz der Widerstände ihres „Fleisches". Dies alles kommt vom Heiligen Geist. Natürlich könnte man dafür auch psychologische, ja sogar physiologische Erklärungen finden. Da sich dies alles im Menschen abspielt, gibt es dafür auch innere Motive. Was berechtigt dazu, dennoch zu sagen, dies komme vom Heiligen Geist? Weil solche Erfahrungen mich über mich selbst hinaustragen, sogar meinem „fleischlichen Ich", d.h. meiner Existenz, so wie sie ist, entgegengesetzt sind. Wenn ich dies alles in Verbindung setze mit dem, was die Heilige Schrift, die geistlichen Schriftsteller oder die Heiligen darüber sagen, geht mir der tiefe Grund solcher Erfahrungen auf. Es stellen sich Entsprechungen ein zu dem, was sie vom „rúach" (Wind, Hauch) Gottes und seinen Früchten: Friede, Freude, Kraft, Vollkommenheit sagen. Dies ist seine Weise des Wirkens: nicht durch den Zwang eines Gesetzes, sondern mittels des Rufs zu einem großen, hohen Ziel, wie man am besten am Leben der Heiligen, etwa der kleinen Therese von Lisieux, ablesen kann. Bei ihr hatten die kleinen Opfer, wie sie sie praktizierte und verstand, weniger mit asketischen Anstrengungen zu tun als einem Sich-Öffnen für das göttliche Leben und die Eingebungen der Liebe. Stets soll man sich gegen die „fleischliche", erdenschwere Seite unseres Ichs und für die Offenheit für Gott in der Nachfolge Jesu Christi entscheiden. Dafür ist uns der Geist gegeben, dazu wirkt er in uns. Anhand seiner Wirkungen läßt er uns verstehen – oder wenigstens ahnen –, wer er ist.

Der Geist hat Christus im Leib Mariens gebildet, indem er in ihr, da sie sich seinem Wirken im Glauben öffnete, die weibliche Fähigkeit zum Empfangen aktualisierte. Er ist es auch, der Christus in uns Gestalt annehmen und die Kirche fruchtbar werden läßt. Die Anfänge der Kirche, wie sie in der Apostelgeschichte geschildert werden, stehen in Entsprechung zu den ersten Kapiteln des Lukas-Evangeliums. In ihrem sehr realistischen Verständnis identifizieren die Kirchenväter und auch noch Thomas den „Samen" Gottes, aus dem wir stammen, wie Johannes sagt (1 Joh 3,9), mit dem Heiligen Geist. In 1 Petrus 1,23 ist jedoch der göttliche Same das im Glauben empfangene Wort Gottes: „Hört nicht auf, einander von Herzen zu lieben! Ihr seid neu gezeugt worden, nicht mit vergänglichem, sondern mit unvergänglichem Samen: mit Gottes Wort, das lebt und das bleibt“ (1 Petr 1,22f.). Doch liegt hier kein Widerspruch vor: Glaube und Heiliger Geist sind eins, wenn es darum geht, daß Christus in uns geboren werde und wachse. Sie waren es in Maria, von der Augustinus sagt, sie habe zuerst im Geist (durch den Glauben) empfangen, bevor sie leiblich empfing („prius concepit mente quam ventre“); sie sind es in uns. Zahlreiche Stellen im Neuen Testament sprechen davon: „Jesus Christus hat uns freigekauft, damit ... wir aufgrund des Glaubens den verheißenen Geist empfangen“ (Gal 3,14; vgl. auch 3,2.5; Eph 1,13; Apg 15,8f.; 19,2; Joh 7,37–39). Die Salbung geschieht in eins sowohl mit dem Glauben wie mit dem Geist.

Christus ist der Mensch gewordene Sohn, und der Sohn lebt ganz auf seinen Vater hin (Joh 1,1; 14,12). „Gott sandte seinen Sohn, geboren von einer Frau ..., damit wir das Recht der Sohnschaft erlangen. Weil ihr aber Söhne seid, sandte Gott den Geist seines Sohnes in unsere Herzen, den Geist, der ruft: Abba, Vater!“ (Gal 4,4–6). Der Geist ist das Bewegungsprinzip der Rückkehr zum Vater. Er heißt „Windhauch“; Johannes nennt ihn auch „lebendiges Wasser“ und „Quelle, die Wasser für das ewige Leben ausströmt“ (Joh 4,14; vgl. 7,37–39). Hier muß auch das Zeugnis des heiligen Märtyrers Ignatius von Antiochien angeführt werden, der schreibt: „Mein irdisches Streben ist gekreuzigt worden ... doch in mir ist ein lebendiges Wasser, das mir im Innern zumurmelt: auf zum Vater“ (Ad Rom. VII,2). Dieses lebendige Wasser ist der Geist Gottes selbst. Zu Gott kann man nur von ihm her und durch ihn gelangen. Man kann nur zum Vater kommen, wenn man den Sohn und den Geist, die er uns sendet, aufnimmt. Von beiden sagt die Schrift, daß sie uns geschenkt sind (für den Sohn Joh 3,16; Röm 8,32), doch nur der Geist wird eigens „Gabe" genannt[8]. Der Heilige Geist ist also Mittel, doch ein Mittel, das dem Ziel vollkommen entspricht; man sollte eher sagen: der Geist ist die Wirklichkeit der Selbstkommunikation Gottes. Nichts weniger als sich selbst läßt uns Gott erhoffen und schenkt er uns; der Heilige Geist ist Gott, insofern er sich selbst zur Gabe macht. Er ist der Vollzug der innergöttlichen, vom Vater ausgehenden Kommunikation. Hier besteht ein innerer Zusammenhang: Da Gott das Gute, Erbarmen und Liebe ist, teilt er seine Güte, seine Liebe und sein Leben der Kreatur mit, die er nach seinem Bild und als sein Gegenüber geschaffen hat.

In diesem Sinn verstehe ich das Wort des heiligen Cyrill von Alexandrien: „Die vollkommene Gabe ist nichts anderes als die Teilhabe am Heiligen Geist" (Dialoge über die Trinität II, PG 75, 844).

Der Heilige Geist ist – in Gott selbst und für uns – die Vollendung. Er ist nach dem Neuen Testament die eschatologische, d.h. letzte, absolute Gabe. Petrus bringt das Pfingstereignis durch ein Zitat aus dem Propheten Joel in Zusammenhang mit den „letzten Tagen", d.h. der Endzeit. Der Geist ist das Prinzip des Reiches Gottes. Wenn Jesus heilt oder Dämonen austreibt, geschieht dies durch den Heiligen Geist, und er erklärt dabei: „Das Reich Gottes ist nahe!". Nachdem sich die Pfingsterfahrung oftmals wiederholt hatte, wie uns die Apostelgeschichte und die Korintherbriefe berichten, haben die Christen die Botschaft Jesu vom Reich Gottes dadurch weitergesagt, daß sie vom Wirken und der Erfahrung des Geistes sprachen: Der Herr selbst wirkte als Geist (2 Kor 3,15–17). Mehrere griechische Kirchenväter haben an jener Textform des Vaterunsers festgehalten, die sich in verschiedenen Handschriften findet und die statt „Dein Reich komme" den Wortlaut hat „Dein heiliger Geist komme und reinige uns". Dieses Reich wird in seiner Vollendung, die sogar noch über die Mittlerschaft Christi hinausreicht, darin bestehen, daß „Gott alles in allem ist" (1 Kor 15,28).

Diese Worte sind vielleicht die tiefsten, die Paulus je geschrieben hat. Es entspricht dem Herzenswunsch eines jeden religiösen Menschen, daß Gott alles für ihn sei: sein Licht, sein Friede, seine Freude, seine Heiligkeit, sein Gebet usw. In der alten Anaphora Serapions heißt es: „Es spreche in uns der Herr Jesus und der Heilige Geist, und er singe dir Hymnen durch uns!". Und Therese von Lisieux schreibt in „Hingabe an die barmherzige Liebe": „Ich bitte dich, oh mein Gott, sei du selbst meine Heiligkeit", und in „Geschichte einer Seele": „Um zu lieben, wie du mich liebst, muß ich mir deine Liebe leihen". Tut dies nicht der Heilige Geist, der so unser Innerstes durchdringt, daß wir nicht mehr sagen können, wer „Abba, Vater" ruft? In Gal 4,6 ist es er, in Röm 8,16 sind wir es. Doch ein wenig später schreibt Paulus: „Wir wissen nicht, wofür wir in rechter Weise beten sollen; der Geist selber tritt jedoch für uns ein mit unaussprechlichem Seufzen; und Gott, der die Herzen erforscht, weiß, was die Absicht des Geistes ist: Er tritt so, wie Gott es will, für die Heiligen ein" (Röm 8,26f.). Dies ist großartig und dennoch wahr.

Wenn wir in Gott leben und beten, ist unser Streben das Streben Gottes selbst! Man muß sogar noch weiter gehen. Neben Therese von Lisieux könnte ich Augustinus, Wilhelm von St. Thierry, Johannes vom Kreuz, Fénelon zitieren, die uns sagen, daß wir, mit der Gabe des Geistes ausgestattet, mit der Liebe lieben, mit der Gott selbst liebt. Dafür kann man sich auch an Paulus halten: „Die Liebe Gottes (d.h. die in Gott ist) ist ausgegossen in unsere Herzen durch den Heiligen Geist, der uns gegeben ist" (Röm 5,5). Und bei Johannes gibt es entsprechende Worte Jesu selbst: „Liebet einander! *Wie* ich euch geliebt habe, so sollt auch ihr einander lieben"; „... damit sie eins sind, *wie* wir eins sind"; „... damit die Liebe, mit der du mich geliebt hast, in ihnen ist." (Joh 13,34; 17,22.26).

P. Xavier Léon-Dufour hat nachgewiesen, daß mit dem „wie" in diesen Worten (griechisch „kathos") nicht nur ein nachzuahmendes Modell bezeichnet wird, sondern auch eine Kontinuität in der mitgeteilten Energie. Wir lieben mit der Liebe, mit der Gott liebt!

Ist dies zu schön, zu feinsinnig? Aber wenn es doch Gottes eigene Gabe ist? Wenn Augustinus recht hätte mit seinem Wort: „Was anderes als sich selbst muß man dem geben, den man liebt? Gott gibt uns nichts Geringeres als sich selbst, seinen Heiligen Geist als die Gabe, die ihm gleich ist"[9]? Er ist die eschatologische Gabe, unserer absolute Zukunft: Jetzt haben wir davon nur das Angeld, d.h. einen Anfang, der zwar von gleicher Art wie das Verheißene in seiner Fülle ist, aber eben doch nur ein Anfang, nämlich gerade soviel, wie wir brauchen, um in leiblicher Existenz als Kinder Gottes leben zu können.

Da ich keine falsche Scheu vor tiefsinnigen Aussagen habe, möchte ich noch etwas anfügen, das mir sehr wichtig ist. Ich kann mich dabei auf eine Studie meines Freundes Oskar Cullmann über das Gebet bei Paulus beziehen. Im 8. Kapitel des Römerbriefes, das ich immer und immer wieder gern lese und das den Gemeinschaften der Erneuerungsbewegung wohlvertraut ist, spricht der Apostel davon, daß die gesamte Schöpfung in Erwartung der Vollendung seufzt und gleichsam in Geburtswehen liegt. Und obwohl wir die Erstlingsgabe des Geistes haben, seufzen auch wir in unserem Herzen mit ihr. Diese Stelle (Vers 18–25) ist eingerahmt von zwei Versen, in denen von dem Gebet die Rede ist, das der Heilige Geist für uns spricht. Diese ganze Perikope, die eine Einheit bildet, will sagen, daß der Geist nicht nur in uns betet, sondern daß er auch in der Welt, die auf ihre Erlösung und Befreiung hofft, seufzt. Die Welt betet auf ihre Weise, ohne es zu wissen. Doch wir, die wir als „kognitive Minderheit" um die ersten Anfänge der Rettung der Welt wissen, sammeln dieses Seufzen und geben ihm seine wahre Bedeutung; wir schicken es durch das Gebet gleichsam auf eine Umlaufbahn. Ich habe am Ende des zweiten Teils meines Buches „Der Heilige Geist" zu sagen versucht, wie ich in diesem Sinne Tag für Tag die Doxologie erlebe, mit der alle unsere eucharistischen Hochgebete ausklingen. Für mich stellt der Heilige Geist die Gabe dar, die all das zusammenfaßt, was in der weiten Welt, vielleicht unbewußt, für Gott ist; dies alles bringt er im Lobpreis vor den Vater: „durch ihn –

Christus – und mit ihm und in ihm ist dir, Gott, allmächtiger Vater, *in der Einheit des Heiligen Geistes* alle Herrlichkeit und Ehre." So beziehe ich jeden Tag bei der Feier der heiligen Messe die ganze Welt ein.

2. *Die charismatische Erneuerungsbewegung*

Mancher Leser dieser Zeilen wird die charismatische Erneuerungsbewegung kennen und gar zu ihr gehören. Für die übrigen möchte ich kurz darstellen, was sie ist; es gibt im übrigen ausgezeichnete Bücher über sie von Wilkerson, K. und D. Ranaghan, R. Laurentin, Kardinal Suenens, M. Hébrard. Am Anfang steht eine unbedingte Selbsthingabe an den lebendigen Christus in dem Gefühl des tiefen Elends unseres Lebens; ein Sich-öffnen für den Geist, durch den der lebendige Herr wirkt; ein kindlich-vertrauensvolles Sich-einlassen auf das, was er mit uns und durch uns vorhat; ein vertrauendes Sich-hineinbegeben in das Gebet der geisterfüllten Brüder und Schwestern in Christus.

Wenn dies gegeben ist, dann geschieht etwas, doch nicht in jedem Falle und nicht automatisch. Doch so manches Leben verändert sich, wird friedlich und froh, wird von einem neuen Geschmack am Gebet, besonders am Lobgebet erfüllt, ebenso durch eine neue Freude am Wort Gottes und eine stille, aufmerksame Offenheit für die anderen. Die Gebetszusammenkünfte haben ihren eigenen Stil, der einem mehr oder weniger zusagen mag; auch hier geschieht etwas, nicht nur Beten oder Singen „in

Sprachen", sondern auch „prophetische" Worte, die ein Leben klären können, und geistige oder körperliche Heilung.

Man kann sich fragen, warum solche Dinge dort und nicht woanders (was noch zu prüfen wäre!) geschehen. Man mag natürlich an den mitreißenden Schwung denken, den eine Gruppe mit sich bringen kann, sogar an eine Konditionierung durch die Gruppe und an Nachahmungsphänomene. Ich persönlich gehöre nicht zur Erneuerungsbewegung und glaube dennoch vom Heiligen Geist her zu leben, der auch mir Freude am Gebet und am Wort Gottes verleiht. Ich möchte gern das Gebet Simeons des Neuen Theologen an den Heiligen Geist für mich übernehmen: „Komm, Alleiniger, zu dem Verlassenen; denn einsam bin ich, wie du siehst ... komm, zur Sehnsucht bist du mir geworden, Sehnsucht nach dir hast du mir gegeben." [10] Doch ich meine, daß Erklärungen mit Hilfe der Gruppenpsychologie zu kurz greifen. Man muß vielmehr auf das authentisch Christliche solcher Gruppen verweisen; es besteht in einer besonderen Gegenwart und einem besonderen Wirken des Herrn dort, wo zwei oder drei in seinem Namen versammelt sind (Mt 18,20). Die Gemeinschaft als solche, die sich im Namen Jesu versammelt, bietet die Erklärung. Dafür gibt es sehr klare Zeugnisse aus der Zeit der Märtyrer, etwa das Wort des Irenäus von Lyon: „Wo die Versammlung (ecclesia), da ist auch der Geist Gottes; und wo der Geist Gottes, dort ist die Kirche und alle Gnade" (Adv. haer. III, 24,1); oder das Wort Hippolyts: „Man sei eifrig bestrebt, zur Versammlung (ecclesia) zu gehen, wo der Geist Frucht hervorbringt" (Trad.

apost. 35). Auf diese positive Deutung der Gemeinschaft im Geist baue ich auch heute noch.

Dies will nicht heißen, daß ich keine kritischen Fragen an die Erneuerungsbewegung habe. Ich habe sie an anderer Stelle formuliert. In aller Kürze zusammengefaßt, beziehen sie sich auf folgendes: Ich mag das Etikett „charismatisch" nicht, gerade weil ich an den Charismen sehr interessiert bin, die ich als Talente und Gaben verstehe, die uns der Heilige Geist verliehen hat, um den Leib Christi aufzuerbauen. Ich möchte vermeiden, daß außergewöhnliche, spektakuläre, enthusiastische und sensationelle Erscheinungsformen mit den Charismen als solchen identifiziert werden. Auf diesem Punkt möchte ich nicht weiter insistieren; jedenfalls ist seine Bedeutung nicht so groß, als daß ich nicht den Titel „charismatische Erneuerungsbewegung", den man diesem Vortrag gegeben hat, nicht hätte akzeptieren können. Ernstere Einwände habe ich angesichts einer gewissen Naivität, die allzu problemlos vom unmittelbaren Wirken des Geistes fast überall ausgeht. Mit „unmittelbar" ist hier folgende Auffassung gemeint: Gott gibt uns schlichtweg und im einzelnen an, was zu tun ist, unter Ausschaltung des gesunden Menschenverstandes; der richtige Sinn eines Schrifttextes wird mir blitzartig klar. Dies ist – so befürchte ich – eine kurzschlüssige, unvermittelte und sehr persönliche Suche nach Antworten oder Lösungen, durch die man sich viel Mühe erspart. Die geistlichen Schriftsteller haben sich immer für die Nüchternheit ausgesprochen, für ein geduldiges, mühsames Vorgehen. Ich weiß, daß man in der Erneuerungsbewegung diese Probleme sieht und sich darum kümmert, und möchte nicht weiter auf diesen Fragen insistieren. Ich meine, daß aufs Ganze gesehen, die Erneuerungsbewegung ein Geschenk der Gnade Gottes für unsere Zeit ist, und möchte, ohne Vollständigkeit anzustreben, ihren Ort und ihre Rolle in der Kirche von heute angeben.

Wir hatten früher eine Kirche, die so wohlorganisiert und stabil war, daß sie ganz von alleine aufgrund einer vollendeten Einrichtung des Lebens zu funktionieren schien. Ich erinnere mich noch, wie bei einer ökumenischen Zusammenkunft in den dreißiger Jahren Pastor Charles Westphal uns sagte: „Ihr Katholiken macht auf uns den Eindruck, als ob ihr euch den Heiligen Geist ersparen wollt.“ Man braucht nicht zu befürchten, daß ich eine Institution, der ich einen großen und vielleicht den besten Teil meiner Arbeit gewidmet habe, angreifen will. Doch ich meine, daß uns Gott heute besser verstehen läßt, daß er es ist, der seine Kirche auferbaut. Gott und Jesus Christus lassen durch den Geist ständig Aktivitäten entstehen, durch die sich eine Kirche aufbaut, die ihr Werk ist.

Gewiß, Gott wirkt in und durch Institutionen, wie Taufe und Eucharistie, deren Grund er selbst gelegt hat. Dies soll nicht Frage gestellt werden. Doch wir sehen Gott in, und durch Menschen wirken. Vor kurzem habe ich im Zusammenhang mit meinen Vorlesungen am Institut für ökumenische Forschung im Institut Catholique die zahlreichen Bewegungen innerhalb des Protestantismus des 19. Jahrhunderts, vor allem im angelsächsischen Bereich, genauer studiert. Sie sind hervorgegangen aus der sogenannten Erweckung, die in ihren Ursprüngen auf Wesley zurückgeht. Sie bestehen darin, daß *Menschen* von Jesus Christus ergriffen werden und sich seiner Sache verschrieben haben in der Absicht, die Welt zu ihm zu bekehren – „in dieser Generation", wie John Mott sagte. Dieser großartige Aufbruch wird in dem Buch über die Geschichte der ökumenischen Bewegung von Rouse und Neill unter der Kapitelüberschrift „Freie Vereinigungen ..." dargestellt[11]. Dies trifft genau die Sache; es handelt sich nämlich um Bewegungen, die nicht aus den vorhandenen Institutionen kommen, wenngleich sie sich in diese eingliedern und sie neu beleben, sondern sie stammen von Menschen, die sich zu Gruppen zusammenschließen und eine Bewegung bilden. Die Erneuerungsbewegung scheint mir mit der Erweckungsbewegung verwandt, doch weist die verschiedene Bezeichnung vielleicht auf einen Unterschied in der Sache hin, den man genauer beachten sollte.

Die charismatische Erneuerung ist nicht die einzige Bewegung dieser Art in unserer Kirche. Papst Pius XII. hat vor Jahren von der liturgischen Bewegung als „einem Eindringen des Heiligen Geistes in die Kirche Gottes" (22. September 1956) gesprochen. Gleiches ließe sich von der ökumenischen Bewegung und anderen sagen, doch die Nachbarschaft zur Erweckung und zu den „Freien Vereinigungen" ist bei der charismatischen Erneuerung am deutlichsten gegeben; ja sie ist sogar weniger institutionalisiert als die meisten dieser Bewegungen. In ihr finden sich Frauen und Männer, die von Jesus Christus ergriffen sind und sich ihm als dem lebendigen Herrn ihres Lebens übergeben haben; sie kommen in freien Gebetsversammlungen zusammen, ohne daß ein geweihter Amtsträger den Vorsitz führt; wenn solche teilnehmen, dann in ihrer Eigenschaft als ebenfalls vom lebendigen Herrn Ergriffene. Dies hindert nicht, daß der Geist sie antreibt, lebendige und begeisterte Glieder *in ihrer Kirche* zu sein und dort viel stärker belebend als protestierend-kritisierend zu wirken. Etliche Gruppen sind soweit gefestigt, daß sie von ihrem Bischof anerkannt sind und sich seinem Urteil unterstellen.

Theologisch ist dieses zweifache Wirken Gottes beim Aufbau seiner Kirche mit der Sendung einmal des Sohnes bzw. Wortes und dann des Geistes und „Windhauchs" in Verbindung zu bringen. Irenäus vergleicht diese doppelte Sendung mit den zwei Händen des Vaters, mit denen er den Menschen formt. Wenn ich das wichtigste Ergebnis meines umfangreichen Buches über den Heiligen Geist festzuhalten hätte, wäre dies die Verbindung der Pneumatologie und der Christologie: Es gibt nicht das Wort ohne den Geist, und der Geist ist nicht ohne das Wort. Das Wort Gottes, die Wahrheit und die Lehre wirken sich heilsam auf die charismatische Erneuerung aus. Doch eine Lehre ohne Geist ist toter Buchstabe und könnte zur bloßen Fassade werden; der Schwung des Geistes könnte ohne Lehre zur Illusion, Anarchie und in ein gefährliches, hohles Illuminatentum abgleiten. Theologisch ist die Kirche nicht nur als eine Institution zu sehen, die auf den historischen Jesus als ihren *Gründer* vor fast zweitausend Jahren zurückgeht – was gewiß zutrifft –, sondern als jene, die gegenwärtig vom lebendigen Christus als ihrem dauernden *Fundament* belebt wird.

Der lebendige Herr wirkt aber durch seinen Geist, wie sich in der Unmöglichkeit erweist, sie funktionell zu unterscheiden. In diesem Sinne schreibt Paulus: „Der Herr aber *ist* der Geist" (2 Kor 3,17) – nicht daß er keinen Unterschied zwischen den Personen kennen würde (es gibt mehr als 30 trinitarische Textstellen bei Paulus), doch hinsichtlich ihrer gegenwärtigen Wirksamkeit zielen der Herr und der Geist auf dasselbe: den universalen Leib Christi. Der Geist ist jener, der das Wort nach draußen dringen läßt, er sorgt für die Zukunft Christi in den Christen im Laufe der Geschichte. Er trägt die Wahrheit, die er vom Wort erhält, nach vorn in die kommende Zeit hinein.

3. Ökumenische Perspektiven

Bei der Behandlung der charismatischen Erneuerungsbewegung sind wir wieder auf die Theologie der drei Personen der Trinität zurückgeführt worden. Ich möchte hier fortfahren, denn die Erneuerungsbewegung als ein Element im Leben der Kirche scheint mir eine in ökumenischer Hinsicht äußerst wichtige Schlußfolgerung nahezulegen. Nach 1000 Jahren der Trennung und 15 Jahren eines „Liebesdialogs" hat – wie wir wissen – in diesem Jahr 1981 ein „theologischer Dialog" zwischen der orthodoxen und der römisch-katholischen Kirche begonnen. Glücklicherweise wurde einmütig beschlossen, diesen Dialog mit dem zu beginnen, was uns im tiefsten eint, nämlich den Sakramenten bzw. sogar dem sakramentalen Wesen der Kirche. Auf dieser Basis gehören die Orthodoxen und wir trotz schwerwiegender Unterschiede zur selben Kirche. Die heilige katholische Kirche des Ostens und des Westens stammt aus denselben Wurzeln, anerkennt dieselben Konzilien und dieselben Kirchenväter und hat die Kirchengemeinschaft niemals völlig gebrochen. Doch es gibt zwischen den beiden Familien am gleichen Stamm eine schwerwiegende Streitsache, die sich gerade auf die Theologie des Heiligen Geistes bezieht. Der Westen hält sich an die neutestamentliche Formulierung, daß der Geist „aus dem Vater und dem Sohn hervorgeht".

Ich lasse das Problem, daß diese Worte einseitig in das Glaubensbekenntnis eingefügt wurden, ohne die Bedeutsamkeit dieses Vorgangs zu verkennen, beiseite und betrachte lediglich das damit verbundene Lehrproblem.

Dieses habe ich im dritten Teil meines Buches „Der Heilige Geist", der den Untertitel trägt „Der Strom des Lebens fließt im Osten und im Westen", eingehend untersucht. Ich bin zu einem Ergebnis gelangt, dessen Bedeutung ich hoffentlich richtig einzuschätzen weiß und das, wenn ich recht sehe, von den besten Spezialisten in diesen Fragen – P. André de Halleux in Belgien, P. Louis Bouyer in Frankreich und P. Serge Bulgakov (den ich noch zitieren werde) – geteilt wird. Mein Ergebnis ist, daß derselbe Glaube im Osten und im Westen geglaubt und gelebt wird, daß er aber in zwei unterschiedlichen Theologien formuliert worden ist. Jede von ihnen ist vollständig und in sich kohärent, keine kann sich der anderen überlegen fühlen. Es handelt sich sogar um zwei verschiedene Glaubenslehren, denn zumindest bei uns hat das „filioque" („... und dem Sohne ...") Lehrcharakter. Hier liegt ein schwerwiegendes Problem. Man wird aber auf der Ebene der Glaubensbekenntnisse eine Einigungs- oder Entsprechungsformel finden müssen, ähnlich wie auf dem Unionskonzil von Florenz 1439, jedoch unter günstigeren Bedingungen als damals. Tragfähige Grundlagen dafür sind vorhanden. Vor allem aber ist hier und dort der gelebte Glaube derselbe. Die Mitglieder der charismatischen Erneuerung und wir alle sind der Beweis dafür. Ich weiß nicht, ob die Orthodoxen unsere geistlichen Schriftsteller lesen, doch unser geistliches Leben ist von den ihrigen geprägt. Ich erkenne in Basilius, Gregor von Nazianz, Simeon dem Neuen Theologen, Sergius, Serafim von Sarov und manch anderen, die ich hier nicht alle nennen kann, meine eigene Erfahrung des Geistes wieder. Ganz zu schweigen von denen, die uns ganz nahe sind, wie Paul Evdokimov und Olivier Clément. Ohne sie vereinnahmen zu wollen, dürfen wir sie zu uns zählen. Sie bringen unsere Erfahrung des Geistes, unseren Glauben an ihn zum Ausdruck und bereichern sie. Die Erneuerungsbewegung ist mit ihrem zweifellos gegebenen eigenen Profil – dieselbe Pflanze entwikkelt sich ja je nach Klima anders – Beweis dafür, daß der gleiche Strom lebendigen Wassers, der aus dem Throne Gottes und des Lammes hervorkommt (vgl. Offb 22,1), im Westen wie im Osten fließt. Einer, der ihn mit östlicher Inbrunst besingt, ist Daniel Ange, dem Olivier Clément ein von Herzen kommendes Vorwort gewidmet hat. P. Serge Bulgakov, den ich noch persönlich gekannt habe, konnte in seinem Buch „Über den Heiligen Geist" schreiben:

„Mehrere Jahre lang sind wir mit den uns zur Verfügung stehenden Mitteln den Spuren dieses Einflusses (nämlich der dogmatischen Unterschiede bezüglich des Hervorgangs des Heiligen Geistes auf Leben und Lehre der beiden Schwesterkirchen) nachgegangen und haben zu verstehen gesucht, worin sie bestehen und was ihre Lebensbedeutung und praktische Relevanz ausmacht. Ich muß gestehen, daß ich nichts entdecken konnte; ich möchte sogar soweit gehen, zu behaupten, daß es sie überhaupt nicht gibt ... Keine der beiden Parteien kann belegen, daß ihre Verehrung des Heiligen Geistes von der der anderen abweicht, trotz ihrer Uneinigkeit in der Frage des Hervorgangs des Heiligen Geistes. Es erscheint recht eigenartig, daß ein scheinbar so grundlegender dogmatischer Unterschied keine praktischen Auswirkungen hat, während doch normalerweise ein Dogma immer praktische Bedeutung und Einfluß auf das religiöse Leben besitzt. Man kann behaupten, daß weder in der Kirche des Ostens noch in der Kirche des Westens lebensrelevante häretische Bewegungen bezüglich des Heiligen Geistes anzutreffen sind, was unvermeidbar wäre, wenn es in diesem Punkt eine dogmatische Häresie gäbe" (Le Paraclet, Paris 1946, S. 124.141).

Die charismatische Erneuerungsbewegung – zu der ich mich nicht zähle – lebt aus dem Heiligen Geist. Dieses Leben umfaßt auch Theologie und Dogmatik, denen ich meine Lebensarbeit gewidmet habe. Ich halte nichts von einem antidogmatischen Pragmatismus, und doch ist mir der unvollkommene Charakter unserer theologischen Formulierungen bewußt. Mein Lehrmeister Thomas von Aquin hat das Dogma folgendermaßen definiert: „perceptio veritatis tendens in ipsam" (eine Wahrnehmung der Wahrheit, die auf diese hinzielt). Im Leben und in der geistlichen Erfahrung kommen wir mit dieser Wahrheit oder Wirklichkeit selbst in Berührung; oder besser ausgedrückt: wir werden von ihr berührt, denn wir „kennen" Gott nur – in biblischen, eine Liebesbeziehung einschließenden Sinne dieses Wortes –, weil wir von ihm zuerst „erkannt", d. h. geliebt und angenommen worden sind. Vorstellungen und Formulierungen kommen erst danach; sie sind aber nicht „zweitrangig", sondern haben sehr große Bedeutung, jedoch sind sie nur Annäherungen an die Wahrheit.

Beten wir inständig darum, daß der Geist, der in den beiden Schwesterkirchen wohnt und sie belebt, sie zur Erkenntnis und Anerkenntnis des gemeinsamen Glaubens führen möge, der ihnen von den Aposteln, den Kirchenvätern und den gemeinsamen Konzilien überkommen ist.

6

Über die liturgische Versammlung

1. Begriffsklärungen

Es gibt den Begriff der „liturgischen Versammlung". Dabei ist offensichtlich das Adjektiv entscheidend für die Bedeutung dieses Begriffs, denn es drückt den spezifischen Unterschied aus. Nicht jede Gruppierung ist eine Versammlung. Es muß eine Einladung und eine Antwort auf diese Einladung erfolgt sein. Bei einer Versammlung gibt es etwas, das sie zustandebringt; etwas wird vorgeschlagen gemeinsam zu tun. In unserem Fall ist es der Kult, den der versammelte Leib Christi Gott darzubringen hat, wobei jeder einen Gewinn für sein persönliches Leben mit Gott davontragen soll. Diese kultische Verehrung ist nicht einfach unserer Initiative anheimgestellt, sie kommt von Christus, von seinem Leib, ist Handlung Christi und seines Leibes. Wir sind eingeladen, in sie einzutreten, uns ihr anzuschließen.

Daß die kultische Verehrung von Christus und seinem Leib dargebracht wird, macht sie „liturgisch". „Leiturgia" bedeutet ursprünglich „öffentlicher Dienst". Nicht jeder Akt der Verehrung ist liturgisch; er muß einen gewissen öffentlichen, nicht-privaten Charakter haben, der sich aus zwei Ursachen oder Gründen ergibt: einer „Institution", die mit dem Tätigwerden der öffentlichen Autorität zusammenhängt, sowie der Tatsache, daß er das Gebet einer „ecclesia", einer Gemeinschaft mit dem Charakter einer Kirche ist. Von diesen beiden Gründen kann man den einen oder anderen stärker betonen; J. A. Jungmann legte den Akzent auf den kirchlichen Charakter, A.-G. Martimort auf den institutionellen, juridischen Aspekt. Unseres Erachtens ist der Aspekt „Kirche" der entscheidende. Er ist auch der ältere, wenn man den eigentlichen Sinn der alten Tradition in Betracht zieht: Kirche und liturgische Versammlung waren unbestreitbar dasselbe. Eine Gemeinschaft vollzieht aufgrund ihres Wesens als Ortskirche ein *liturgisches* Gebet, ohne daß dabei der Gedanke einer Delegation von der höheren Autorität ins Spiel käme. Dies zu erkennen ist wichtig, doch ist damit die Frage noch nicht gegen die institutionell-juridische Position entschieden. Denn wann kann man von einer Ortskirche – auf die wir noch zu sprechen kommen werden – sagen, sie sei Kirche? Die betreffende Gruppe muß die wesentlichen Züge von Kirche als solcher aufweisen, sie muß zusammengerufen worden sein – spontane Vereinigung genügt nicht –, sie muß von den anderen „Kirchen" anerkannt sein; ihre Zielsetzung muß der der ganzen Kirche entsprechen; sie muß ein organisches Ganzes sein, was sich durch eine – wenn auch elementare – Differenzierung der Funktionen und einen öffentlich anerkannten Vorsitz ausweist. Somit ist ein gewisses institutionelles Moment notwendig für Kirche-Sein, ein freier Zusammenschluß von Gläubigen genügt ihm nicht. Wenn man daher den öffentlichen Kult einer „Kirche" „liturgisch" nennt, wird der

Aspekt „Institution mittels Autorität" nicht ausgeschlossen. Er erhält seinen Ort innerhalb des ekklesiologischen Kontextes, aus dem sich seine wahre Bedeutung ergibt, doch man isoliert ihn nicht davon, wie es ein heute überholter juridischer Positivismus tut.

Auf dieser Grundlage muß des weiteren gesehen werden, daß, wenngleich Kirche sich in höchstem Maße im liturgischen Handeln verwirklicht (vgl. S. C. Nr. 2), sie dennoch nicht darin aufgeht (ebd. Nr. 9). Kirche ist auch Sendung, Verkündigung, Lehre, Diakonie, ein politisch-gesellschaftlicher Einsatz in Kritik und Anregung ...

2. Entdeckungen der fünfziger Jahre

Sie sind vor allem das Werk von A.-G. Martimort gewesen. Dom Guéranger hatte mit "L'année liturgique" (Das liturgische Jahr) den Weg gebahnt für eine Liturgie, die als die Stimme der Braut Christi verstanden und gelebt wurde, und damit eine Richtung gewiesen, die dann von „Mediator Dei" theologisch entwickelt wurde. Doch die Theorie, die Schullehre war nicht sofort auf dieser Höhe. Oft war die Theorie der Liturgie zunächst noch rubrizistisch. Dann ist sie wirklich liturgisch geworden, hat aber eher die Formen des Kults untersucht und stand in der Gefahr, das Zeremonielle überzubewerten. Dann erst ist sie theologisch geworden, bei gleichzeitigem Weiterbestehen rubrizistischer und juridischer Momente. Die liturgische Bewegung, in der Liturgie gelebt wurde, hat die Erneuerung einer Theologie der Kirche als

Leib Christi angeregt, sogar zum Teil selbst in Gang gesetzt und dann ihrerseits von dieser Theologie einen Gewinn gehabt: „Mediator Dei“ (1947) hat „Mystici corporis“ (1943) zur Grundlage. Begleitende Untersuchungen der anthropologischen (R. Guardini, P. Duployé) und pastoralen Dimension (CPL) haben zusammen den ekklesiologischen Aspekt verstärkt, wohingegen die pastorale Ruhe eine stärker empirische oder soziologische Ausrichtung hätte begünstigen können. Die verschiedenen Anläufe von A.-G. Martimort waren deutlich theologisch und sogar ekklesiologisch. Die liturgische Versammlung ist nicht nur *sacramentum*[12]: sie ist Verwirklichung des christlichen „Mysteriums“, Epiphanie der Kirche als Braut und Leib Christi[13]. Die sonntägliche Versammlung ist ein wesentliches Strukturelement der Kirche und des christlichen Lebens[14]. Die liturgische Versammlung ist *sacramentum,* Erscheinung und Verwirklichung der Kirche, und gehorcht den gleichen Strukturgesetzen wie diese und zugleich *res sacramenti,* Quelle der Gnade, Einheit in Christus[15].

Martimort bezog bereits Position in Fragen, die später noch strittiger geworden sind, als er die Strukturgesetze der Kirche darlegte: zuerst den traditionellen Gedanken, daß die Kirche aus der großen Masse besteht, daß sie als Leib eine Mischung aus recht Verschiedenartigem ist, daß es ihrer Grundidee widerspräche, sich in soziologisch oder politisch homogenen, durch Kooptation und Ausschluß zustandegekommenen Versammlungen verwirklichen zu wollen. Er äußerte auch den Gedanken, daß die Kirche und somit die liturgische Versammlung ein in sich gegliederter Organismus ist. Später werden wir diese Punkte wiederfinden, denn in der einen oder anderen Form sind sie aktueller denn je.

3. Neue Gegebenheiten und Probleme

a) Vorrang für die Gemeinschaftswerte

Damit werden fast ebenso viele neue Probleme aufgeworfen, wie neue Gegebenheiten auftauchen – von relativer Neuheit übrigens, denn die Bewegung hat eine längere Vorgeschichte. Sie hat aber im Gegenüber zu einer rein sozietären Beziehung und zu aller anonymen, vorgegebenen Institution eine solche Kraft bekommen, daß man sie als ein charakteristisches Element des gegenwärtigen Wandels ansehen muß. Dies deutet auf ein Bedürfnis und einen Willen hin, bloß äußerliche Beziehungen, in die man sich nicht einbringen kann, zu überwinden und zu personalen, interpersonalen Beziehungen zu gelangen, nämlich zu Beziehungen, in denen man sich gegenseitig anerkennt (sich mit Namen, Vornamen ansprechen), in denen es Kommunikation, Austausch, Tuchfühlung gibt. Dies alles geht einher mit einer tiefen Unzufriedenheit mit den großen, anonymen Versammlungen, in denen es nur um die Ausführung eines programmierten Ritus geht. Dies geht auch einher mit einem gewissen Wandel in der Sicht der Kirche, oder besser, der Erfahrung von Kirche: Die Kirche darf nicht mehr etwas der erlebten Gemeinschaftserfahrung gegenüber Fremdes, ein Apparat sein. Nun war gewiß in unseren gottesdienstlichen Feiern, objektiv gesehen, eine wunderbare mystische Gemeinschaft gegeben, aber sie ließen, wie wir selbst gezeigt haben, eine menschliche, persönliche Gemeinschaft nicht erfahrbar werden. Man hat versucht, durch Herrichtung der Gottesdiensträume, den Stil der Feiern und alle möglichen kleinen Verbesserungen von dem Modell „Publikum" oder „Auditorium" wegzukommen. Es tut sich etwas Neues.

b) Die Ortskirche

Der Gedanke, daß die Ortskirchen nicht einfach unvollständige Teile der universalen Kirche sind, ist nicht ausgesprochen neu. K. L. Schmidt hat schon 1937 in seinem Artikel „Kirche" in Kittels Theologischem Wörterbuch den Gedanken geäußert, daß jede Ortskirche, so wie sie in Korinth, Mailand, Paris oder sonstwo existiert, Kirche Gottes *ist.* Und doch konnte Karl Rahner sagen, der wirklich neue Beitrag des Zweiten Vatikanischen Konzils in der Ekklesiologie sei der Gedanke gewesen, daß die Ortskirche die Verwirklichung der einen, heiligen, katholischen und apostolischen Kirche darstellt.

Das Konzil meinte damit vor allem die Diözese, von der es eine bemerkenswerte Definition gibt[16]; sogar auf der Ebene des liturgischen Ausdrucks des Mysteriums der Kirche bleibt das Ideal jenes, das Ignatius von Antiochien in seinen Briefen dargestellt hat, nämlich die eucharistische Versammlung um den Bischof mit seinem Presbyterium. Der Priester aber macht den Bischof überall dort gegenwärtig, wohin er von ihm gesandt ist. Deshalb sagt das Konzil auch: „Diese Kirche Christi ist wahrhaft in allen rechtmäßigen Ortsgemeinschaften der Gläubigen anwesend, die in der Verbundenheit mit ihren Hirten im Neuen Testament auch selbst Kirchen heißen" (LG Nr. 26, 1). Wir begegnen wieder der Überzeugung, daß in der eucharistischen Feier, zu der die Wortverkündigung gehört, die Kirche sich in vollkommenster Weise verwirklicht.

P. Nicolas Afanasieff hat dieses Thema systematisch behandelt in dem, was er eine eucharistische Ekklesiologie nennt. Seine Gedanken haben bei den orthodoxen Theologen breite Aufnahme gefunden; einige von ihnen brachten immerhin Fragen und Kritiken vor, die sich weithin mit denen mehrerer katholischer Theologen und auch den unseren decken. Zwar ist die Eucharistie der Höhepunkt und das vollkommenste Mittel zur Verwirklichung der Kirche, doch darf man die anderen nicht vernachlässigen: das Wort, die Einheit im Glauben. Andererseits haben die Ortskirchen, wenn sie lokale Verwirklichung der universalen Kirche sind, einen Bezug auf diese Universalität an sich, die als solche eine eigene Realität darstellt und nach entsprechenden Strukturen verlangt. Diese vermitteln ihr besondere Charismen, eine eigene lokalkirchliche Geschichte, und dies alles ruft danach, in einer größeren Gemeinschaft vereint zu werden, die reicher und komplexer ist als jede der Ortskirchen für sich genommen. Dies alles gehört zur Fülle der Kirche, die sich nicht in einer der besonderen eucharistischen Kirchen erschöpft. Die Kirche ist nicht nur Leib Christi, sie ist auch *Volk* Gottes.

Das Nachdenken über die Ortskirche und lokale eucharistische Gemeinschaft wird begleitet von einer neuen Sicht der Beziehung zwischen dieser Kirche oder Gemeinschaft und dem Amtsträger, der in der eucharistischen Feier den Vorsitz führt. Die Theologie des Weihesakraments, wie sie im Westen zwischen 1150 und 1250 festgelegt worden ist, hat den Priester mit persönlichen Qualitäten und Würden ausgestattet, die ihm aufgrund der Weihe zukommen, durch die er mit Christus verbunden wird und eine „Vollmacht" erhält, die *potestas conficendi*, d.h. die Vollmacht, die Eucharistie zu „vollziehen". Der Traktat über die Sakramente folgte unmittelbar auf den über Christus, ohne Zwischenschaltung der Ekklesiologie: Der Priester erscheint nicht in einer Gemeinschaft als deren Diener. Heute sieht man ihn in der *ecclesia* als sakramentalen, geweihten Diener eines Teils des priesterlichen Volkes. Das „Priestertum" (besser sagt man Priesteramt oder Presbyterat) wird eher in seinem Bezug zur Gemeinschaft gesehen als in direkter, vertikaler Beziehung zum Priester Christus. Früher habe ich in meinem Buch „Der Laie – Entwurf einer Theologie des Laientums"[17] die Unterscheidung „Priestertum – Laientum" als eine glückliche Formulierung betrachtet. Man würde heute eher von „Gemeinschaft – Dienstamt/-ämter" sprechen. Man fühlt sich unwohl bei einer Abfolge, die sich schematisch so darstellen läßt: Christus – Priester – Gläubige. Man würde eher sagen: Christus – Kirche mit geweihten Amtsträgern.

Christi Initiative und Gabe sind Ursprung sowohl der Gemeinschaft wie der Amtsstruktur. Keine von beiden hat vor der anderen den Vorrang; sie sind zusammen entstanden. Sie sind aber entstanden in einer Ursprungsbeziehung, die die Amtsstruktur zum sozialen, gemeinschaftsbezogenen Ausdruck der Initiative und Gabe Christi macht, zum Zeichen dafür, daß die Gemeinschaft von oben kommt, vom Herrn zusammengerufen ist und sich nicht aufgrund spontaner Übereinstimmung versammelt. Eine der Rollen des geweihten Priesters ist es, die Verbindung mit der vorgegebenen Institution, die bis auf die Apostel zurückgeht und sich von Jerusalem aus über die ganze Welt verbreitet hat, zu garantieren.

c) Charismen und Ämter

Eine der größten Wiederentdeckungen der Gegenwart verbindet sich mit dem Begriff der Charismen und, damit in Zusammenhang stehend, der Dienste (in der Mehrzahl). Die Kirche, vor allem jene, die man auf Ortsebene konkret erfährt, wird gesehen als jene Gemeinschaft, die Gott auferbaut, indem er durch Berufungen und Gnadengaben in ihr Dienste entstehen läßt. Innerhalb der Dienste gibt es Unterschiede; manche sind sakramental und die Kirche strukturierend: sie kommen von oben und stehen gleichwohl innerhalb der Gemeinschaft. Dann gibt es andere, die, damit Ordnung und Frieden in der Gemeinschaft herrschen, zweifellos zwar anerkannt werden müssen – muß man aber deshalb sagen, daß die Laien, die sie ausüben, „dafür jedes Mal eine Bevollmächtigung von der Autorität erhalten" (A.-G. Martimort) müssen? Wenn „jedesmal" bedeutet „für jeden Eintritt in einen Dienst", ist die Formulierung annehmbar. Doch „Bevollmächtigung" scheint mir eine zu klerikale und juridische Sicht widerzuspiegeln, die vom Konzil und von der Entwicklung des kirchlichen Lebens hinter sich gelassen wurde. Es bedarf in irgendeiner Weise einer *Anerkennung* für jeden Dienst, der in der christlichen Gemeinschaft öffentlich ausgeübt werden soll. Wenn man dies „Bevollmächtigung" nennt, legt man doch wohl nahe, daß ihm nicht nur Legitimität, sondern auch ein Rechtsgrund für sein Tätigwerden mitgeteilt wird. Doch dieser kommt ihm zuallererst aufgrund von Taufe und Firmung, aufgrund des Charismas und der Nächstenliebe zu, wie das Dekret „Apostolicam actuositatem" zutreffend bezüglich des Apostolates sagt.

Unter der Überschrift „Neue Gegebenheiten" möchte ich auch die Diakone nennen, die in einigen Ländern wie Deutschland und Chile recht zahlreich sind, nicht jedoch in Frankreich. Vielleicht wird es auch bald Frauen in diesem Dienst geben. Schon jetzt werden diakonische Funktionen in weitem Umfang von Laien, Männern und Frauen, wahrgenommen.

d) Kirche – Sakrament des Heils

Die Kirche ist für die Welt da, was nicht bedeutet, daß sie nicht in erster Linie für Gott da wäre, sondern daß sie dies ist, indem sie die Welt für ihn gewinnt und sie in Jesus Christus zu ihm zurückführt. Das Thema „Kirche – Sakrament des Heils" ist eines der interessantesten der konziliaren Ekklesiologie. Die Kirche ist aufgrund der erlösenden Inkarnation und von der pfingstlichen Sendung des Geistes her die geschichtliche, öffentliche Form der Liebe Gottes für die Menschen, die sich in seinem Heilsplan und in der Hingabe des Sohnes geoffenbart hat. Sie ist gleichsam die Zukunft Christi in der Welt, sie teilt sein „Mysterium" aus.

Das Nachdenken bezieht sich heute vornehmlich auf den Inhalt des „Heils", dessen Zeichen und Werkzeug die Kirche ist. Ist er nur in der Sündenvergebung zu sehen? Schließt er nicht die Befreiung der Menschen nicht nur von Sünde, sondern auch von Entfremdung und Sklaverei, die die Menschheit niederdrücken, ein? Wir stehen nicht allein, wenn wir diese Frage bejahen. Natürlich sind die Mittel, durch die die Kirche wirkt, von eigener Art; es sind nicht die militanten wie bei politischen Bewegungen im engeren Sinne. Doch einerseits ist der politische Einsatz – im vollen Sinne des Wortes verstanden – heute für viele Christen der Ort der Erfahrung und Erprobung des Glaubens und damit auch dessen Ausdruck. Andererseits muß der Gottesdienst der Gemeinschaft der Christen notwendigerweise das umfassende Heil, das sie verkündet und um das es ihr geht, widerspiegeln und einschließen. Der Inhalt des (Heils-)„Sakramentes" wird somit Auswirkungen auch auf seine Form zeitigen. Unsere Feiern gehören zur öffentlichen Sichtbarkeit der Kirche und auch zu ihrer Glaubwürdigkeit. Welches Bild vermitteln sie davon?

Niemals wurde behauptet, die Liturgie mache allein das Handeln der Kirche aus. Offensichtlich kann die Kirche, die heute Werkzeug der „Menschenfreundlichkeit Gottes" (vgl. Tit 3,4) sein soll, in einer Welt und für Menschen, die entwurzelt sind, nach Hilfe, gegenseitiger Anteilnahme und Gemeinsamkeit, nach Liebe und Sinn suchen, ihre Diakonie als

Zeichen und Werkzeug des Heils nicht anders denn *auch* außerhalb und jenseits ihres sakralen Bereichs ausüben. Und dies heißt, außerhalb und jenseits dessen, was sie zu Kirche macht, und der eucharistischen Versammlungen. Dazu gehört alles, was sie in der „Caritas", in „Iustitia et Pax", an Hilfe für die Gastarbeiter, sowie im Bereich der Erziehung, der Freizeit usw. unternimmt. Dies alles kann zur Kirche als Heilssakrament gehören, sofern sie Zeichen und Werkzeug der Liebe und der Diakonie Gottes für die Menschen ist. Es ergibt sich von selbst, daß „Kirche" hier „Volk Gottes" meint.

Der Gedanke der Kirche als Zeichen ist im Bewußtsein der engagiertesten Glieder dieses Gottesvolkes sehr lebendig. Ein Zeichen kann trügen, es kann das, was es bezeichnen soll, schlecht ausdrükken. Dies hat man seit langem bemerkt. Heute gibt es eine sehr heftige Kritik an Formen der Kirche unter dem Gesichtspunkt der Unangemessenheit ihrer Zeichenhaftigkeit. Oft kritisiert man und gibt auf, was man nicht mehr als sinnhaft ansieht, doch recht oft ohne ein wirkliches Bemühen um Verstehen. Dieses Vorgehen ist nicht von vornherein ungesund. Es ist heute im Grunde mit dem Bedürfnis verbunden, die Dinge unter dem Gesichtspunkt ihres Sinnes *für uns* zu sehen und neu zu durchdenken. Man wendet sich von den Dingen an sich ab und sieht in der „Orthopraxis" den übergeordneten Maßstab für die „Orthodoxie". Es ist gut möglich, daß man dabei das Wesen des „An-sich" im Ausgang vom „Für-uns" neu entdeckt. Es besteht aber auch die Gefahr, eine ganz und gar menschliche Hermeneutik (das heißt: Sicht und Weise der Interpretation), wie sie die

Menschheit in einer bestimmten geschichtlichen Epoche hat, anstelle einer Hermeneutik der Tradition zu setzen. Man betreibt Selbst-Interpretation, und dies oft auf unsicherer Grundlage. Doch man gefällt sich in der Unsicherheit und sieht bisweilen in dem – immerhin in der Liturgie ausgesprochenen – Wunsch, die Kirche möge sich eines ruhigen Friedens erfreuen, beinahe eine Sünde.

Bezüglich der Eucharistiefeier selbst hat man gewiß mit vollem Recht die Rolle der Versammlung als solcher wieder ins rechte Licht gerückt, ebenso wie den Aspekt der Mahlfeier, der Gemeinsamkeit des Feierns und der Einheit als Frucht des Sakraments. Dies sind Wirklichkeiten, die – in Begriffen ausgedrückt, die auf Augustinus zurückgehen (vgl. oben S. 105) – entweder zum *sacramentum* (der sichtbaren Wirklichkeit) oder zur *res sacramenti* (der grundlegenden Gnadenwirklichkeit) gehören. Heute besteht die Gefahr, den Gesichtspunkt der Verbindung von *res* und *sacramentum* bei der Eucharistie zu vernachlässigen, nämlich die Gegenwart des geopferten und verherrlichten Christus. Christus wird nur in seinem Sein-für-uns gesehen. Zwar trifft zu, daß eine reine Gegenwart „an sich" schon problematisch ist für den Begriff der Gegenwart als solcher, sofern es sich um die Gegenwart einer lebendigen Person und nicht die einer toten Sache handelt. Die Frage aber ist doch, ob es wirklich Christus selbst ist, der in unserer Eucharistie und Kommunion gegenwärtig ist oder nicht.

e) Vielfältige Studien über Ritus und Fest

Studien über den Ritus, das Symbol, die Handlung, das Fest, den leiblichen Ausdruck gibt es in reicher Vielfalt, und zwar auf den unterschiedlichen Ebenen der Ethnologie, Philosophie, Sozialpsychologie usw. Wir sind darüber sehr glücklich, müssen jedoch gestehen, daß sie keinen sehr großen Gewinn für das liturgische Leben abwerfen. Warum? Diese Studien berühren unsere Feiern nur von ferne, hinsichtlich sehr allgemeiner Aspekte. Die liturgische Erfahrung des Christen hat ihre eigenen Gegebenheiten und ihre eigene Dichte; so nützlich auch die Analysen und Beschreibungen sein mögen, schließlich wird bei uns alles vom geglaubten, geliebten und erfahrenen Mysterium Christi überragt. Letzten Endes bleiben die genannten Beiträge in den meisten Fällen auch bloß theoretisch, wobei es aber Ausnahmen gibt: Man kann auf wirklich erneuerte Gottesdienstfeiern verweisen.

Was in der Regel vorherrscht, ist eine Intellektualisierung der Liturgie: Man redet, erklärt, läßt viele ganz einfache Gesten, die auch ohne Worte und Begriffe geradezu ein ganzes Glaubensbekenntnis enthielten, ausfallen, zum Beispiel den Altarkuß des Zelebranten oder die Bekreuzigung von Stirn, Lippen und Herz bei der Verkündigung des Evangeliums (damit Gottes Wort sie reinige und durchdringe!). Man hat uns von einer Gemeinde erzählt, in der es bei der letzten Osternachtfeier keine Osterkerze gab – wie großartig ist aber doch dieses ganz einfache Symbol der Kerze, die sich verzehrt und dabei Licht und Wärme spendet, diese schlichte Kerze, die wie der auferstandene Christus als lichtvolles Hoffnungszeichen vor uns steht! In dem angesprochenen Fall war die nächtliche Feier auf ein anderes Thema ausgerichtet, wofür dann neue, sehr schöne und sinnfällige Zeichen gefunden wurden, z. B. beim Sprechen des Vaterunsers mit den Händen eine Kette bilden.

f) Offenheit für Neuschöpfungen

Viele liturgische Vorschriften sind eher Rahmenbestimmungen. Die Konzilskonstitution über die Liturgie war getragen vom Bemühen um Erneuerung und Schaffung neuer Formen, die die traditionellen weiterentwickeln sollen[18]. Die Anstrengungen haben Erfolg gehabt.

Normalerweise sollten neue schöpferische Formen eher aus dem Leben authentischer Gemeinschaften (die gibt es!) hervorgehen als aus den Studien der Spezialisten, so notwendig und zutreffend diese auch sein mögen und so sehr ihre neuen Konzeptionen vor der Veröffentlichung auch praktisch erprobt sein sollten. Die Erfahrung des christlichen Volkes ist ein eigener theologischer Gesichtspunkt (locus theologicus), der kaum zu ersetzen sein dürfte. Sie ist doch ein großer Schatz von ursprünglicher, verlebendigender Kraft!

In diesem Zusammenhang stellt sich das schwierige Problem, wie sich mögliche partikulare Neuschöpfungen zur Einheit der Kirche in ihrer vorliegenden Gestalt verhalten. Es gibt eine große Zahl liturgischer Gebete „zur Erprobung". Dem steht auch die älteste Tradition nicht von vornherein entgegen, überließ sie doch das Hochgebet der freien Gestaltung durch den Zelebranten. Diese Gebete müssen aber den Glauben der Kirche ausdrücken. Zwei Erfahrungen, die ich – nicht in Frankreich allerdings – unverhofft gemacht habe, haben mir gezeigt, daß dieses Problem nicht rein theoretischer Natur ist. Was jedoch für eine prinzipielle Offenheit für solche Initiativen spricht, ist die Berechtigung, „horizontale Katholizität" zu praktizieren, das heißt alles in den Rahmen der universalen Kirche aufzunehmen, was eine Teilkirche an Besonderheiten anzubieten hat. Dies setzt voraus, daß die jeweilige Initiative nicht bloß rein privater Natur ist, sondern bereits von der Teilkirche anerkannt ist und als Ausdruck ihres Glaubens gelebt wird.

g) Eucharistie in kleinen Gruppen

Ich möchte den Pfarreien, die tun, was in ihren Möglichkeiten liegt, keine Vorwürfe machen, doch finden viele Menschen darin nicht, was sie suchen. Sie empfinden die übliche Form der Eucharistiefeier als zu anonym und formell. In ihr kommen Gläubige zusammen, die bisweilen, was ihre politischen Einstellungen betrifft, getrennt sind. Sie nimmt weder auf, was jeder beitragen könnte, noch was die Realität des Lebens ausmacht. Diese Kritik ist Teil jener, die sich gegen jedwede „Institution" richtet, will sagen: gegen alles, was vorgegeben ist, ohne daß man selbst darüber entschieden hätte. Aus der objektiv gegebenen Einheit in Christus ergibt sich keine menschlich erlebte (vgl. oben Punkt f). Man bringt sich nicht ein, macht sich nicht gemeinsam auf die Suche und tauscht sich nicht aus!

Ein wesentliches Moment der Versammlung ist die Bereicherung, die man durch die anderen erfährt. Das zeigt sich bis zu einem gewissen Grad selbst in den Pfarreien, die man kritisiert, sobald man dort wirklich zusammen-kommt. Hier müssen wir einen Augenblick verweilen.

Der Hebräerbrief gibt uns eine Warnung: „Laßt uns das unwandelbare Bekenntnis der Hoffnung festhalten, denn er, der die Verheißung gegeben hat, ist treu; laßt uns aufeinander achten und uns zur Liebe und zu guten Werken anspornen; laßt uns nicht unseren Zusammenkünften fernbleiben, wie es einigen zur Gewohnheit wurde, sondern ermuntert einander" (Hebr 10,23–25; vgl. 1 Petr 4,10). Zusammensein, sich zusammen beim Gebet erleben, gemeinsam schweigen und anbeten, dies alles bedeutet wechselseitige Bestärkung; ebenso wenn man sich mitteilt, was Gott uns innerlich eingibt und uns von seinem Wort verstehen läßt. Die Kirchenväter haben es immer wieder erkannt und empfohlen. Es entspricht auch unserer Erfahrung bei Arbeitskreisen, die dem gemeinsamen Studium des Evangeliums gewidmet sind, kleinen Gruppen, spontanen Zusammenkünften, oder wie auch immer man sie bezeichnen mag. Solche Versammlungen von Christen entwickeln recht oft das Bedürfnis, in eucharistische Versammlungen einzumünden.

In diesen muß normalerweise ein Priester den Vorsitz führen. Er versteht sich von der Gemeinschaft her, in gewissem Sinn geht er daraus hervor. Doch seinen Rechtstitel als Vorsteher erhält er nicht von ihr, sondern von seiner Weihe in der bis zu den Aposteln zurückgehenden Folge der Amtsträger. Manche Gläubige stellen diesen Punkt heute recht radikal in Frage. Es gibt Eucharistiefeiern, bei denen alle Teilnehmer das Hochgebet und die Konsekrationsworte sprechen. Dies ist ein theologischer und liturgischer Irrtum, denn wenn auch alle alles tun können, ist es doch falsch, wenn sie es in derselben Weise und mit gleichem Recht tun. Für die liturgische Feier oder Versammlung ist ebenso wie für die Kirche ihr organischer Charakter von grundlegender Bedeutung, d.h. an denselben Tätigkeiten soll jeder in seiner je besonderen Rolle teilnehmen. Hierzu stellt man Fragen – ich nehme sie so auf, wie sie von katholischen Studenten gestellt worden sind – wie folgende: Warum muß man geweiht sein, um die Eucharistie feiern zu können? Was ist die besondere Rolle des Priesters? Es gibt hier und da „Eucharistiefeiern" ohne geweihten Priester. Es ist schwierig und kompliziert, ihren Charakter richtig einzuschätzen, denn sie können einen großen spirituellen Wert haben und mit großer Intensität und großem Ernst das „Gedächtnis Christi" *(memoria Christi),* seines Todes und seiner Auferstehung in Herrlichkeit begehen. Doch damit begibt man sich außerhalb der Tradition der Kirche sowohl des Ostens wie des Westens. Man verkennt eine ganze Reihe von Wahrheiten, die ihr Gewicht und ihren Ort im Gesamtzusammenhang haben: den organischen Charakter des Leibes der Kirche, die Stellvertretung Christi, die ein gewisses Gegenüber zur Gemeinschaft darstellt, die sich nicht selbst zusammenrufen und versammeln kann, ganz zu schweigen von der Theologie des *ordo,* des

Sakraments, das die Gnade (Osten) und die Vollmacht (Westen) zur Feier der hl. Geheimnisse verleiht.

h) Politische Solidarität und eucharistische Versammlung

Manche sogenannten Basisgruppen bilden sich durch Zuwahl aufgrund einer gemeinsamen politischen Option. Heute entwickeln Christen fast überall ein waches politisches Bewußtsein und aktive Solidarität mit Bewegungen für die Befreiung des Menschen, für die Arbeiterschaft, für den Aufbau einer gerechteren, brüderlichen Gesellschaft. Daraus kommt es dann in Wirklichkeit zur verkappten Exkommunikation der einen durch die anderen (vgl. Joh 4,9).

Fragen:

1. Im Gefolge der Repression, die auf den Mai 1968 folgte, fragte Joseph Robert: „Kann man von der Eucharistie her gesehen dem Herrn und zugleich dem Geld dienen?"[19] Mit anderen Worten: Können der Ausbeuter und der Ausgebeutete, der Unterdrücker und sein Opfer gemeinsam an derselben Eucharistiefeier teilnehmen und kommunizieren?

2. Die Alte Kirche hat öffentlich begangenes, schweres Unrecht oder Sünden, die öffentlich begangen wurden und erhebliche soziale Auswirkungen hatten, bestraft. Man wies die Opfergaben von Reichen, die gegen Arme hartherzig waren, oder von

Wüstlingen, von unehrlichen Kaufleuten, falschen Zeugen, pflichtvergessenen Richtern usw. zurück. Bedrückung von Armen konnte die Exkommunikation nach sich ziehen. Ohne Zweifel ist es unmöglich, diese Regeln heute unbesehen zu übernehmen. Doch wie kann man den darin zum Ausdruck kommenden Anliegen und ihrem tiefen Sinn heute gerecht werden? Was hat man getan, was hat man versucht, welche Vorschläge wurden gemacht? Dies betrifft den Wahrheitsgehalt der liturgischen Versammlung genauso wie ihren Charakter als evangeliumsgemäße, christliche Wirklichkeit.

3. Bis zu welchem Grad muß schon menschliche Gemeinschaft gegeben sein, damit eine liturgische Versammlung authentisch ist und wirkliche Einheit in Christus zustande kommt? Es wäre unrealistisch, auf eine automatische Wirksamkeit des Sakraments zu setzen. Wir haben gesehen, daß die eucharistische Kommunion für sich allein noch keine menschlich-soziale Einheit hervorbringt. Schließlich hängt ja die Eucharistie von der Kirche ab, so wie umgekehrt die Eucharistie Kirche ausmacht. *Nur* die Eucharistie teilen und sich zugleich einander fremd sein oder gar feindlich in dem, was den realen Inhalt der Existenz ausmacht – was könnte dies schon bedeuten? J.-M. Domenach schrieb sehr richtig über das, was Jugendliche heute suchen: „Allein die Eucharistie und nichts anderes miteinander teilen scheint ihnen unerträglich". Die Frage ist offenbar sehr ernst. Sie stellt sich wirklich. Sie geht uns zu Herzen. Was wir dazu zu sagen haben, läßt sich in drei Sätzen fassen:

Die Eucharistie liegt ihrem Wesen nach auf einer anderen Ebene als Gesinnungsgenossenschaft. Sie schließt den Willen zur Versöhnung bei gleichzeitigem Ertragen der Unterschiede ein. Wir brauchen eine Ethik des Konflikts.

Elemente einer Antwort

1. A.-G. Martimort hatte gezeigt, daß die liturgische Versammlung von der großen Masse gebildet wird, daß sie sündige Menschen zusammenführt, die sich als solche anerkennen. Er hatte auch gezeigt – vielleicht auf einem leichteren und schnelleren Weg, als man es heute tun würde –, daß sie verlangt, so manche menschliche Solidarität aufzugeben. Eines der wesentlichen Gesetze der Heilsgeschichte ist es, daß im neuen Gottesvolk Menschen zusammengeführt werden über das hinaus, was sie menschlich trennt. Ein unverdächtiger Zeuge, Dietrich Bonhoeffer, schrieb seinerseits: „Wenn wir uns fragen, wo der Glaube in reinster Form ‚Erfahrung von Kirche' hervorbringt, so ist dies gewiß nicht in Gemeinschaften aus einander ähnlichen Gliedern, die in romantischer Weise miteinander verbunden sind, sondern vielmehr da, wo Individuen durch nichts anderes als die kirchliche Gemeinschaft in Verbindung miteinander stehen, wo der Jude und der Grieche, der Pietist und der Liberale sich aneinander reiben und dennoch den gleichen Glauben bekennen und füreinander beten."

Dieser Text ist klar, doch nicht völlig. Man kann sich ja fragen, was mit „kirchlicher Gemeinschaft" gemeint ist: alle, die zur Kirche gehen, oder eine bekennende Gemeinschaft, deren Glaubensbekenntnis ganz bestimmte Forderungen nach Gerechtigkeit und Brüderlichkeit einschließt? Man kommt auf das oben Gesagte zurück. Die Eucharistie ist und bleibt als solche Motiv und Prinzip der Zusammengehörigkeit von absolut eigenem Charakter gegenüber rein menschlichen Motiven von Einträchtigkeit. Was die Gläubigen hier vereint, ist nicht allein der Ruf Christi, der Glaube an sein Wort, sondern auch seine wirkliche Gegenwart, die alle sozialen, weltlichen, geschichtlichen Grenzen überschreiten läßt und in uns, mindestens als Keim und Anruf, eschatologische Versöhnung grundlegt.

2. Dies gibt es wirklich, und es ist großartig. Doch es gibt nicht nur dies: Die sich versammeln, kommen so, wie sie sind; sie stammen aus verschiedenen sozialen Schichten und verschiedenen Kulturen, gehören gegebenenfalls gewerkschaftlich und politisch gegensätzlichen Gruppierungen an und haben auch in Fragen des Schulsystems, der Abtreibung, der Armee und ähnlichen brennenden Fragen unterschiedliche Meinungen. Sofern diese Gegensätze nicht nur oberflächlich sind oder verdrängt werden, müssen die Gläubigen, die zur Versammlung gerufen sind, sich anerkennen und in ihrer Verschiedenheit annehmen. Sie können dies in dem Bewußtsein, daß es über ihren Unterschieden einen Punkt der Versöhnung gibt, der Jesus Christus heißt und der über ihnen steht und sie alle vereint. In den Begriffen Bonhoeffers gesprochen, liegen die Gegensätze auf der Ebene des Vorletzten, die Versöhnung aber auf der des Letzten. Zwar muß man durch das Vorletzte hindurch, um zum Letzten zu gelangen – „Jeder, der die irdische Wirklichkeit des Menschen in Abrede

stellt, verneint damit das Jenseits Gottes" – aber das Letzte relativiert auch das Vorletzte, ohne es zu entwerten, nicht dadurch, daß es ihm seine Wahrheit nimmt, sondern indem es ihm seine eigene hinzufügt. Von hier aus betrachtet ist Einheit ohne Gegensätze eine eschatologische. Doch wenn sich jene, die in Gegensätzen zueinander stehen, gemeinsam auf die Eschatologie beziehen, werden sie, während sie sich noch gegenüberstehen, auf Versöhnung und Einheit ausgerichtet.

Das ist es, was die Voraussetzung für Eucharistie bildet. Es kann formelle Akte der Verzeihung und Versöhnung erforderlich machen: „Wenn du deine Opfergabe zum Altar bringst und dir dabei einfällt, daß dein Bruder etwas gegen dich hat, so laß deine Gabe dort vor dem Altar liegen; geh und versöhne dich zuerst mit deinem Bruder, dann komm und opfere deine Gabe" (Mt 5, 23 f). Es ist übrigens denkbar, daß eine solche Versöhnung ihre Zeit braucht, ja, daß sie gar nicht zu Ende gebracht werden kann. Aufgabe ist das, was gegenwärtig möglich ist. Nur soll man das Ziel nicht zu niedrig stecken!

3. Es gibt eine bestimmte Vorstellung von Einheit und Versöhnung in Christus, die den Ernst und die Berechtigung von Konflikten verkennt. Eine bestimmte katholische Moral- und Spiritualitätstradition sieht sie von vornherein und insgesamt als sündhaft an und bewertet die Leidenschaften ebenso. Sie geht einher mit einer Lebensbeschreibung und Darstellung der Heiligen als Chorknaben. Wir brauchen eine Vorstellung von Einheit und eine entsprechende Ethik, die Konflikte und Pluralismus als Gegebenheiten akzeptieren.

i) Eine weltliche Liturgie

Unter dieser Überschrift wollen wir nicht das gesamte weitverzweigte und komplexe Problem der Säkularisierung angehen und können auch nicht das der sogenannten Verweltlichung der Liturgie umfassend behandeln; dies ist ein viel zu umfangreiches Problem. Heutzutage will man die Liturgie aus der Sonderwelt, aus der Form, in der sie uns aus der katholischen Vergangenheit überkommen ist, auf die Höhe der gegenwärtigen Kultur heben und sie in Einklang mit ihr bringen. Das schließt Verschiedenes ein: den Willen, sich in derselben Sprache wie das Leben selbst auszudrücken; das Mißtrauen gegenüber Behauptungen eines Übernatürlichen, das zwar in unsere Geschichte einbricht, ihrer Grundstruktur aber, da wir doch vor allem die Abwesenheit Gottes erfahren, fremd gegenübersteht; und schließlich, da Christus doch alles in sich geheiligt, die Unterscheidung zwischen Heiligem und Profanem aufgehoben und der Welt ihre Profanität endgültig zurückgegeben hat, die Ablehnung eines eigenen, gesonderten christlichen Handelns. Auf dieser Grundlage äußert sich diese Tendenz in verschiedener Weise, angefangen von reduktionistischen Formulierungen, die angreifbar und gefährlich sind, bis zu solchen, die von einem im Grunde legitimen und wertvollen Anliegen zeugen: „Es zeigt sich mehr und mehr, daß das Christentum, sogar bei den Christen selbst, nicht mehr das Ganze des menschlichen Lebens umfaßt. Sein Denken und seine Liturgie bilden eine isolierte Sonderwelt, eine Hinterwelt, die in einer überholten Ontologie, in einer Sakramentalität ohne Einfluß auf das wirkliche Leben und die tatsächliche Wirklichkeit verharrt."

Es ist gut möglich, daß selbst in dieser eingeschränkten Form diese Frage all die erwähnten Grundlagenprobleme enthält. Daß es diese Frage gibt, ist völlig unbestreitbar; sie betrifft unmittelbar die liturgische Versammlung, deren volle, das Leben integrierende Wahrheit in Frage steht.

Es kann sich nicht darum handeln, aus der sakramentalen Liturgie eine einfache Verlängerung, eine Art Summe der persönlichen, geistlichen Opfer zu machen, wobei jeder Gläubige sein eigener Priester wäre und ihr Inhalt nichts anderes als das tägliche Leben eines jeden in seiner besonderen weltlichen, geschichtlichen Situation. Die Eucharistie und die Sakramente sind etwas anderes: Es sind Handlungen *Christi,* unseres Erlösers, Mittlers und Herrn. Doch das eine muß in das andere integriert sein, denn das Mysterium Christi wird im Leib seiner Kirche Wirklichkeit, und umgekehrt gelangt das geistliche Opfer der Christen nur durch Christus zum Vater. Das Problem ist die Überwindung der Zäsur zwischen dem Leben während der Woche und dem sonntäglichen Gottesdienst. Dies ist zu einem großen Teil ausdrückliche Aufgabe der Predigt und der Fürbitten; es ist auch eine Frage der Sprache und neuer Ausdrucksformen. Wäre es nicht nötig, daß die Gläubigen stärker einbezogen würden? Dies ist in den durchschnittlichen großen Gottesdienstversammlungen fast unmöglich. Es kann verwirklicht werden bei besonders festlichen, außergewöhnlichen und gut vorbereiteten Gottesdiensten (ich denke etwa an den Kongreß der Christlichen Arbeiterjugend von

1937). Es ist möglich, daß daraus eine „Paraliturgie" wird – doch ist „para" hier nicht fehl am Platz? Schließlich sind die Schwierigkeiten für eine Lösung nicht zu übersehen, vor allem, wenn man bedenkt, daß die zu integrierende Alltäglichkeit, das „Weltliche" weithin politische Wirklichkeit ist. Aber so ist nun einmal die Lebensrealität, wie könnte sie außer acht gelassen werden? Es muß ein Mittel geben, das Evangelium bis zu ihr zu bringen, ohne daß es aufhört, das Evangelium Jesu Christi zu sein.

Die hier berührten Fragen wirken sich, wie man weiß, auf die beim Bau von Gotteshäusern aus. Hier findet man auf der einen Seite die Position, die für eine radikale Banalisierung der Gottesdiensträume ist. Damit sind wir nicht einverstanden, wobei wir anerkennen, daß die Frage nicht so ganz einfach abgetan werden kann; sie ist aber unmöglich hier zu behandeln. Das ist übrigens bereits mehrfach geschehen. Hier geht es nicht nur um Konventionen in der Praxis, sondern auch um ekklesiologische Grundentscheidungen: Ist die Kirche *nur* der Teil der weltlichen Wirklichkeit, der Jesus Christus bekennt? Das ist sie sicherlich, aber nur dies? Hat ihre besondere Art von „Sichtbarkeit" nicht auch Auswirkungen im angesprochenen Bereich?

Wir wollen diesen Abschnitt beschließen mit einer allgemeinen Bemerkung, die manche Gegebenheiten der gegenwärtigen Epoche erhellen kann.

Wir stellen heute eine Bewegung fest, die umgekehrt zu der verläuft, die 15 Jahrhunderte lang, vor allem im Mittelalter, vorgeherrscht hat. Früher hat man die Differenzen betont und Besonderes vom Allgemeinen unterschieden, um daraus eine vom übrigen mehr oder weniger getrennte Spezialität zu machen: den Papst von den Bischöfen und der Kirche, den Priester von den Gläubigen, die Ordensleute von den Getauften, die Sakramente von der allgemeinen Sakramentalität der Kirche, die Heiligen mit ihren Wundern vom christlichen Leben, die Jungfrau Maria von der Kirche, die gottesdienstlichen Zeremonien vom Leben und gar von der Kultur insgesamt usw.

Heute erleben wir einen umgekehrten Prozeß, der ebenfalls Einseitigkeiten und Übertreibungen einschließen kann. Man könnte es an jedem der aufgezählten Beispiele zeigen. Die Wahrheit liegt in der Synthese und Integration.

j) Liturgische Versammlungen und ökumenische Anliegen

Der Ökumenismus hat neue Arten christlicher Versammlungen hervorgebracht. Die Bezeichnung „liturgisch" kann wenigstens manchen von ihnen nicht versagt werden. Wir wollen nicht von den sogenannten „wilden" Interzelebrationen sprechen. Es gibt welche, die den Regeln des Kirchenrechts entsprechen, selbst wenn ihre Form unbefriedigend ist. Wenn es sich um die Eucharistie handelt, stößt man auf den grundlegenden Punkt: an einer Eucharistie teilnehmen heißt zur selben Kirche gehören. Auch wenn man die tiefen Gefühle derer anerkennt, die meinen, bis zur gemeinsamen Feier der Eucharistie gehen zu sollen, muß einmal mehr eine gewisse eucharistische Inflation beklagt werden. Es gibt diesseits der Eucharistie Formen gemeinsamen Betens, der Schriftlesung, Gebetsversammlungen sogenannten „charismatischen" Charakters (eine recht diskutable Bezeichnung!) usw. Es gibt auch andere Formen gemeinsamer Feiern, z. B. bei der Eheschließung zwischen konfessionsverschiedenen Partnern, die man heute unter der anrührenden, aber ein wenig seltsamen Bezeichnung „ökumenische Traung" angekündigt sieht. Unter dem Druck konfessionsverschiedener Ehepaare, die überzeugte Christen sind, zeigt sich eine Tendenz zu einer Art ökumenischer Kirche, die eine dritte Größe bilden würde, ohne daß die Zugehörigkeit zu den beiden jeweiligen Kirchen aufgegeben würde. Manche sprechen von „ökumenischer Taufe", durch die man Christ würde, ohne Protestant oder Katholik zu sein. Doch kann es eine Art kirchlichen „no man's land" geben? Hat etwa das Wort Karl Barths seine Gültigkeit verloren: „Man kann nicht in der ‚una sancta invisibilis' sein, wenn man nicht in der ‚una sancta visibilis', d.h. irgendwo in der getrennten Kirche ist"? Oder muß man im Ökumenismus als einer „Bewegung", die nicht mit den gängigen Kategorien erfaßt werden kann, ein neues „Zeichen der Zeit" sehen?

7

Liturgische Feier und Zeugnis

1. Die Sprache der Liturgie

Die Liturgie ist Glaubenszeugnis mittels des Wortes. Auch abgesehen von der Predigt, ist jede liturgische Feier durchgängig Sprache. Von welcher Art sind die Worte dieser Sprache?

Erzählungen
Hauptsächlich sind es Worte, in denen erzählend Zeugnis gegeben wird von dem, was Gott getan hat und jetzt tut. Die Lesungen aus den Evangelien sind Erzählungen. Heutzutage denkt man viel darüber nach, was den besonderen Aspekt der Erzählung und ihre besondere Stärke als Zeugnis ausmacht. Das Erzählen großer Taten hat in der Geschichte von Gesellschaften oder Völkern immer eine Rolle gespielt. Dies gilt auch für die Christen.

Gebärden
Neben den Erzählungen gibt es liturgische Gebärden, die oft sehr sinnhaltig sind und für das Zeugnis und die Glaubenserziehung von großer Bedeutung. Viele dieser aus monastischer Tradition stammenden Gebärden sind leider außer Gebrauch gekommen. Gebärden sind sehr einfach und schön, haben

einen eigenen Stil und sagen auf symbolischer Ebene sehr viel: das Abnehmen der Kopfbedeckung beim Eintreten in die Kirche, das Sich-Bekreuzigen, die Kniebeuge, die knieende Kreuzverehrung am Karfreitag usw. Eine Gebärde oder ein Symbol können viel reicher an Bedeutung sein als jede ausdrückliche, ausführliche Erklärung. Liebe z. B. wird im Kuß ausgedrückt, und ein einziger Kuß enthält eine Bedeutungsfülle, die keine Erklärung je auszuschöpfen vermag. Ebenso enthält ein einfaches Kreuzzeichen, selbst wenn es ohne viel Nachdenken gemacht wird, soviel wie ein ganzer Traktat über die Erlösung und die Trinität und *ist* Bezeugung des Glaubens an die Heilige Dreifaltigkeit und die Erlösung.

In der Eucharistie wird mit der Wiederholung der Worte Jesu „Tut dies zu meinem Gedächtnis" nicht nur etwas angesagt, sondern etwas *getan.* Paulus sagt es im 1. Korintherbrief: „Jedes Mal, wenn ihr dies *tut,* verkündet ihr den Tod Jesu Christi, bis er kommt".

In dem, was in der liturgischen Feier geschieht, liegt also ein reicher Schatz von Ausdrucksformen und Aussagen von großem erzieherischem Wert.

Doxologien

„Doxologie" ist ein aus dem Griechischen stammendes Wort, das „sprechen im Lobpreis" bedeutet. In der Liturgie wird vieles in der Weise des Lobpreises Gottes ausgesagt. So ist das „Ehre sei dem Vater und dem Sohne und dem Heiligen Geist" eine äußerst sinnhaltige Doxologie, die in einem Lobpreis die ganze Glaubenslehre über die Trinität in ihrer Substanz zusammenfaßt. Im Neuen Testament wird ja nirgendwo ausdrücklich von der Gottheit des Heiligen Geistes gesprochen, ein Problem, das im 4. Jahrhundert Anlaß zu vielen theologischen Diskussionen gegeben hat, doch findet man dort andererseits zahlreiche trinitarische Texte – etwa vierzig, davon mehr als dreißig bei Paulus; z.B. jenen, den wir heute am Beginn der Messe sprechen, den letzten Vers des 2. Korintherbriefs (2 Kor 13,13): „Die Gnade unseres Herrn Jesu Christi, die Liebe Gottes, des Vaters, und die Gemeinschaft des Heiligen Geistes sei mit euch". Die versammelte Gemeinde antwortet mit einer Zustimmung, mit „Amen", das zwischen ihr und dem Zelebranten den liturgischen Raum entstehen läßt.

Doch wie kam es von solchen Formeln zu einer Theologie der Trinität? Als der hl. Basilius, Bischof von Caesarea, bei einer gottesdienstlichen Feier die Doxologie „Ehre sei dem Vater mit dem Sohn und mit dem Geist" sprach, in der die dem Sohn erwiesene Ehre jener gegenüber dem Vater an die Seite gestellt wird und die dem Geist erwiesene jener gegenüber dem Vater und Sohn, wurde er von manchen Anwesenden kritisiert; eine solche Formulierung hatte man in der Liturgie noch nie gehört. Er antwortete seinen Kritikern, indem er um das Jahr 375 seinen Traktat über den Heiligen Geist verfaßte, der diese Doxologie rechtfertigte und sich dabei auf Jesu Befehl „Taufet alle Völker im Namen des Vaters, des Sohnes und des Heiligen Geistes" berief. „Wir müssen verherrlichen, wie wir glauben und wir müssen glauben, wie wir getauft wurden", sagte der heilige Basilius. Später wurde diese Doxologie in das Glaubensbekenntnis von Nizäa aufgenommen, das auf dem Konzil von Konstantinopel 381 ergänzt wurde. Die Formel des heiligen Basilius ist somit in das Credo der Messe eingegangen: „Qui cum Patre et Filio simul adoratur et conglorificatur ...". Ohne ausdrücklich zu sagen, daß der Heilige Geist Gott ist, wird er „mit dem Vater und dem Sohn angebetet und verherrlicht", wie die (etwas freie) Übersetzung in unserer heutigen Liturgie lautet.

Die Liturgie enthält also in ihren Doxologien reiche dogmatische Aussagen über Gott.

Weitere Beispiele dafür, daß in bestimmten Doxologien des Neuen Testaments ein so dichter Lehrgehalt enthalten ist, daß ein Exeget Stunden für ihre ausführliche Analyse benötigen würde, sind folgende:

– der Anfang des Römerbriefs:
  „Paulus, Knecht Christi Jesu, berufen zum Apostel, auserwählt, das Evangelium zu verkündigen, das Gott durch seine Propheten im voraus verheißen hat in den heiligen Schriften: das Evangelium von seinem Sohn, der dem Fleisch nach geboren ist als Nachkomme Davids, der dem Geist der Heiligkeit nach eingesetzt ist als Sohn Gottes in Macht seit der Auferstehung von den Toten: das Evangelium von Jesus Christus, unserem Herrn. Durch ihn haben wir Gnade und Apostelamt empfangen."
– der große Hymnus des Philipperbriefs (Phil 2,6–11), der von den ersten Christen stammen soll und somit noch früher als Paulus und die Evangelien anzusetzen ist:
  „Er war wie Gott, hielt aber nicht daran fest, Gott gleich zu sein, sondern entäußerte sich,

wurde wie ein Sklave und den Menschen gleich. Sein Leben war das eines Menschen; er erniedrigte sich und war gehorsam bis zum Tod, bis zum Tod am Kreuz. Darum hat ihn Gott über alle erhöht und ihm den Namen verliehen, der jeden Namen übertrifft, damit vor dem Namen Jesu alle Mächte im Himmel, auf der Erde und unter der Erde ihre Knie beugen und jede Zunge bekennt: Herr ist Jesus Christus zur Ehre Gottes, des Vaters".

Die liturgische Sprache hat also einen bestimmten Stil; und diese Doxologien, diese inhaltsreichen dogmatischen Aussagen wenden an, was unsere heutigen Linguisten mit einem etwas barbarischen Ausdruck den „performativen Stil" nennen, das heißt einen, der eine verbindliche Aufforderung enthält. Viele liturgische Texte, und zwar vor allem bei der Feier der Sakramente, sind in diesem Stil: Es handelt sich um Aussagesätze, die bestimmte Handlungen im Hinblick auf den Gläubigen enthalten und bei ihm eine bestimmte, darauf eingehende Haltung voraussetzen, so das „Ich taufe dich im Namen des Vaters und des Sohnes und des Heiligen Geistes" oder „Ich spreche dich los".

2. *Die handelnden Personen der Feier*

In der liturgischen Feier üben wir unser aus der Taufe stammendes Priestertum aus entsprechend der Aussage des 1. Petrusbriefs: „Laßt euch als lebendige Steine zu einem geistigen Haus aufbauen, zu einer heiligen Priesterschaft, um durch Jesus

Christus geistige Opfer darzubringen, die Gott gefallen ... Ihr aber seid ein auserwähltes Geschlecht, eine königliche Priesterschaft, ein heiliger Stamm, ein Volk, das sein Eigentum wurde, damit ihr die großen Taten dessen verkündet, der euch aus der Finsternis in sein wunderbares Licht gerufen hat" (1 Petr 2,5–9).

Von diesem Text voller Tiefe und von bis zu Erfüllung reichender Freude geht eine große Kraft aus: Als lebendige Steine am Tempel sind wir, jeder für sich und alle zusammen, Tempel. „Um geistige Opfer darzubringen" will besagen, daß wir unser Leben geistig zum Opfer bringen sollen, nicht in einer Art moralischem Masochismus, sondern in Freude. Wir verwirklichen unser Bezogensein auf Gott, sind „Gott wohlgefällig durch Jesus Christus"; er ist der einzige Mittler, und wir sind angenommen durch ihn. Später erläutert der Verfasser des Petrusbriefes näherhin, daß zu dieser Verwirklichung der Ausrichtung auf Gott in unserem Leben, zur religiösen Dimension auch das Zeugnis gehört. Dieses Zeugnis äußert sich in mannigfaltiger Weise: in der Verkündigung, der Kommunikation, der Erziehung, durch Belehrung und Schriften, aber auch in der gottesdienstlichen Feier. Wir künden lobpreisend von dem, „der uns aus der Finsternis in sein wunderbares Licht gerufen hat".

In der Feier sind wir somit als Priester aufgrund unserer Taufe zugegen, wir geben Gott die Ehre, wir heiligen seinen Namen.

Bedeutsamerweise ist in der (französischen) ökumenischen Bibelübersetzung (TOB) der Vers Mt 6,9 statt mit „geheiligt werde dein Name" durch „gib, daß du als Gott anerkannt wirst" übersetzt. Zu Recht oder zu Unrecht, die Übersetzer sind jedenfalls davon ausgegangen, daß der Ausdruck „den Namen heiligen", der für einen Juden sehr sprechend ist, es für das moderne Bewußtsein vielleicht weniger ist. Es ist keine Übersetzung im eigentlichen Sinn, sondern eine gute Ersetzung mit weitreichender Konsequenz: Wenn wir Gott feiern, wenn wir seinen Namen heiligen, erkennen wir ihn in der Tat als Gott an und bewirken in dieser Hinsicht, daß er Gott sei.

Das ist der Sinn eines Wortes des Rabbi Simeon bar Jochai, der im Jahr 150 unserer Zeitrechnung Gott die Worte in den Mund legte: „Wenn ihr meine Zeugen seid, bin ich Gott" – eine Aussage, die den folgenden Versen aus dem Buch Jesaja sehr nahe ist: „Ihr seid meine Zeugen – Spruch des Herrn – und auch meine Knechte, die ich erwählte, damit ihr erkennt und mir glaubt und einseht, daß ich es bin. Vor mir wurde kein Gott erschaffen, und auch nach mir wird es keinen geben. Ich bin Jahwe, ich, und außer mir gibt es keinen Retter. Ich habe es selbst angekündet und euch gerettet, ich habe es euch zu Gehör gebracht. Kein fremder Gott ist bei euch gewesen. Ihr seid meine Zeugen – Spruch des Herrn –, und ich allein bin Gott von Ewigkeit her" (Jes 43,10–13).

„Ihr seid meine Zeugen, und ich bin Gott", heißt es bei Jesaja. Indem Rabbi Simeon bar Jochai schreibt: „Wenn ihr meine Zeugen seid, bin ich Gott", stellt er einen Bezug zwischen den beiden Aussagen her. Gewiß, Gott ist Gott, auch wenn man es nicht bezeugt, doch dann ist er nicht als Gott anerkannt. Er wird nur durch unser Zeugnis anerkannt. Dies ist eine der Aufgaben der gottesdienstlichen Feier. Wir sind Träger der Feier, sowohl die Versammlung der Christen als auch ihr Vorsteher, der dazu geweiht ist, Animator der Versammlung, sichtbarer Kristallisationspunkt ihrer Einheit, Sprecher und Ausdruck ihres Glaubens zu sein.

3. Zeugnis geben vor den anderen

Wer sind diese „anderen"? Es sind zunächst die an der Feier teilnehmenden Gläubigen in ihrer Gesamtheit, die als solche – vor allem heutzutage – einen gewissen Anteil Lauer, „schlecht Glaubender" und zufällig Anwesender umfaßt. Bei Gelegenheit von Familienfesten, Hochzeiten, Taufen und vor allem Beerdigungen sind viele lediglich aus Sympathie, aus Freundschaft zu den Betroffenen anwesend, ohne unseren Glauben zu teilen. Gerade hier kann das liturgische Zeugnis eine Rolle spielen; wir kennen etliche Fälle, besonders bei Begräbnissen, bei denen, wenn die Feier stilvoll abläuft, wenn der Priester passende, persönliche Worte gefunden hat, die Teilnehmer überwältigt waren und uns gesagt haben: „Daß es so ist, wußte ich nicht!".

In der Liturgie bezeugen wir ja die Glaubensgeheimnisse, und diese Bezeugung geschieht nicht nur zur Ehre Gottes und für uns, sondern stellt ein Zeugnis für die anderen dar, das den Glauben der Lauen, „schlecht Glaubenden" stärkt und vielleicht jene, die mehr oder weniger nur zufällig da sind, innerlich erschüttert.

Das gilt auch für bestimmte heilige Orte. Napoleon hat einmal beim Besuch der Kathedrale von

Chartres gesagt: „Ein Atheist würde sich hier nicht wohl fühlen!". Nicht wenige Bekehrungen haben sich in und durch christliche Bauwerke vollzogen. In Chartres gab es früher einen Sakristan, der einige Kapitelle und Kirchenfenster erklärte und dabei jedes Mal die Leute anrührte.

Die liturgische Feier kann die Glaubensgeheimnisse offenbaren. Der englische Bildhauer Eric Gill, der ungläubig war, hat nach einem Besuch auf dem Mont César in Löwen, der früher ein blühendes Zentrum der liturgischen Bewegung war, geschrieben: „Als ich hier in Löwen nach der langsamen Prozession der in die Kirche einziehenden Mönche und der darauf folgenden kurzen Stille völlig unvorbereitet und naiv zum ersten Mal das ‚Deus in adiutorium meum ...' hörte, erkannte ich mit unfehlbarer Sicherheit, daß Gott existiert und daß er ein lebendiger Gott ist" (Autobiography, S. 486 f.).

Man muß von einer „hierophanischen" Funktion der Liturgie ausgehen. Das Wort „Hierophanie", das aus zwei griechischen Worten gebildet ist, bedeutet: Erscheinung der Heiligkeit, des Heiligen und sodann Erscheinung Gottes.

Ein weiterer Text, diesmal über Mutter Teresa von Kalkutta, zeugt ebenfalls von einer solchen Hierophanie. Mutter Teresa, eine Ordensfrau albanischer Herkunft, hat sich bekanntlich dem Dienst an den Ärmsten der Armen Indiens gewidmet. Sie liest Kinder und Menschen, die im Sterben liegen, buchstäblich von der Straße, aus Abfallkörben auf. In einem ehemaligen buddhistischen Tempel hat sie ein Sterbehaus eingerichtet; einen Ort, an dem diese Ausgestoßenen in Würde und von Liebe umgeben sterben können. Es geht dabei darum, sie als Personen anzuerkennen und ihnen die Überzeugung zu vermitteln, daß sie wert sind, um ihrer selbst willen geliebt zu werden. Mehr als 30 000 Menschen sind so gestorben. Mutter Teresa hat einen Orden gegründet, der etwa 800 Mitglieder zählt. Eines Tages hat das britische Fernsehen, das eine Sendung über Mutter Teresa machen wollte, den bekannten Journalisten Malcolm Muggeridge nach Kalkutta geschickt, der dann ein Buch über Mutter Teresa veröffentlichte. Daraus entnehmen wir folgendes Zeugnis:

„Das Urteil über das Interview mit Mutter Teresa lautete, daß es technisch kaum verwendbar war und es gab eine Zeitlang einen gewissen Zweifel, ob es gut genug war, um überhaupt, außer am späten Abend, gezeigt zu werden. Schließlich wurde es an einem Sonntagabend gesendet. Der Widerhall beim englischen Publikum war größer als bei irgendeinem mir bekannten vergleichbaren Programm.

Es gibt endlose Diskussionen darüber, wie man ein Massenmedium wie das Fernsehen für christliche Zwecke verwenden kann, und alle möglichen Formen werden versucht, von Dialogen mit gelehrten Atheisten und Humanisten bis zu Popversionen der Psalmen und psychedelischem Gerangel. Hier war die Antwort. Man bringe einfach ein von christlicher Liebe leuchtendes und überfließendes Gesicht auf den Bildschirm; jemanden, für den die Welt nichts und der Dienst Christi alles ist; jemanden, der aus der Knechtschaft des Ichs und des Fleisches wiedergeboren ist in die glorreiche Freiheit der Kinder Gottes. Es mag auf den ersten Blick überraschend erscheinen, daß eine unbekannte Nonne albanischer

Herkunft, vor der Kamera sehr nervös, wie deutlich zu sehen war, und mit ein wenig stockender Stimme, auf englische Fernsehzuschauer an einem Sonntagabend wirkte wie kein professioneller christlicher Apologet, Bischof, Erzbischof, Moderator oder lärmender progressiver Demonstrant im geistlichen Gewand. Aber genau das geschah zur Überraschung aller beruflich Betroffenen, mich eingeschlossen.

Die Botschaft war die gleiche, die in der Welt zum ersten Mal vor zweitausend Jahren gehört worden ist; wie Mutter Teresa gezeigt hat, hat sie ihren Sinn nicht gewandelt und ihren Zauber nicht verloren. Wie damals wird sie auch heute noch verkündet ‚nicht in den überredenden Worten der Weisheit, sondern in der Bekundung des Geistes und der Kraft, damit euer Glaube sich nicht gründe auf Weisheit von Menschen, sondern auf die Kraft Gottes' (1 Kor 2,4 f.)"[20].

Genau dies ist Hierophanie: Anhand einiger Worte, eines Gesichts, einer bestimmten Sprechweise oder eines Persönlichkeitsstils kann es zu einer Offenbarung Gottes kommen.

Inwiefern unsere gottesdienstlichen Feiern dies sind, das steht auf einem anderen Blatt! Es kommt vor, daß sie es tatsächlich sind. Bei der Messe dieses oder jenes Priesters, in dem einen oder anderen Gottesdienst hat sich etwas getan. Ein anderes Mal geschieht nichts. Man hat alles Notwendige getan, alles Erforderliche gesagt, doch es tut sich nichts. Wir können es nicht darauf anlegen, daß jedes Mal Offenbarung Gottes geschieht. Doch man kann danach streben, denn jede gottesdienstliche Feier hat Zeugnischarakter.

Sie hat auch einen großen erzieherischen Wert, wobei Erziehung im vollen Sinne des Wortes zu verstehen ist, was etwas anderes ist als bloße Belehrung. Wenn wir uns daran zu erinnern versuchen, was uns in der Kindheit letztlich wirklich erzogen hat, stellen wir fest, daß wir das, was wir sind, weniger Schulstunden, Vorträgen usw. verdanken, sondern einer lebendigen Umgebung, in der bestimmte Werte weitergetragen wurden.

Ein Text des deutschen Philosophen Max Scheler aus seiner Schrift „Vorbilder und Führer" drückt diesen Gedanken sehr gut aus:

„Das zweite Vehikel der Vorbildwirksamkeit heißt *Tradition.* Sie steht zwischen Vererbung und verstehender Aufnahme (Belehrung, Erziehung) in der Mitte, automatisch seelisch vermittelt. Sie ist Aufnahme von Gesinnungs-, Willens-, Wertungsarten durch Ansteckung, unwillkürliche Nachahmung der Lebensäußerungen der Umwelt. Wesentlich ist: Ich weiß dabei nicht, daß das Tradierte aufgenommen ist; ich halte fremden Willen für meinen Willen; ich werte nicht, bevor ich aufnehme, und wähle nicht. Was tradiert ist, vermeint man selbst wahrzunehmen, selbst zu urteilen usw. Lange ehe bewußte Erziehung und Belehrung das Kind in die Hände nimmt, wird in unwillkürlicher Nachahmung, in mitlebenden, allem bewußten Verstehen vorhergehenden Haltungen, Ausdrucksweisen, Handlungen ein Schema des künftigen Schicksals dieses Menschen ausgebildet"[21].

Wir können diese Gedanken auf die Liturgie und auf die Rolle, die sie in unserer Erziehung zum Glauben gespielt hat, anwenden. Die Liturgie hat uns, natürlich sofern man regelmäßig und nicht nur gelegentlich an ihr teilgenommen hat, in bestimmter Weise, ohne daß wir uns dessen bewußt waren, innerlich als Katholiken, als Christen geformt.

8

Der Himmel – brennender Dornbusch der Welt

Nach verschiedenen religiösen Sendungen, die von katholischer und evangelischer Seite im Juli 1968 unmittelbar nach den aufsehenerregenden „Mai-Ereignissen“ aufgenommen oder gesendet worden waren, sagte der Sprecher der französischen Fernsehdirektion den Verantwortlichen für religiöse Sendungen: „Wenn man Sie religiöse Sendungen machen läßt, dann deshalb, damit Sie die Messe übertragen und damit Sie vom Himmel und nicht von der Erde sprechen!“ [22]

Ich möchte in der Tat vom Himmel sprechen. Dies ist sehr einfach und sehr schwierig zugleich. Sehr einfach, wenn es darum geht, den Himmel in rein imaginärer, konventioneller Weise mittels Traumvorstellungen in unwirklichen Gold- und Rosatönen auszumalen. Er erschiene dann als ein Konzert von auf den Wolken sitzenden, Halleluja singenden, geschlechtslosen Wesen ohne Erdenschwere. Wer hat doch gleich in diesem Zusammenhang gesagt: „Der Himmel ist fad, die Hölle aber kraft- und saftvoll. Ich ziehe die Hölle vor“? Umso schlimmer für ihn! Doch dieses Wort fordert uns heraus.

Wir dürfen nicht bei einer kindlichen Vorstellungswelt stehenbleiben. Das Schlimmste daran ist, daß dadurch Gegebenheiten, die nicht zu leugnen sind, fad und uns verleidet werden. Wir wollen sie wiederentdecken, und zwar hoffentlich in ihrer Wirklichkeit und Würde sowohl vor Gott wie für uns und die Welt.

Der Himmel steht sehr wohl in Beziehung zu den gegenwärtigen Wirklichkeiten; er ist das, worauf sich unsere Wünsche und Sehnsüchte richten und worin sie ihr Ideal und ihre Erfüllung finden sollen. Er hebt sie jedoch auf eine Ebene, die jenseits ihrer selbst und jenseits unserer gegenwärtigen Vorstellungen liegt. Dies ist in zwei Wahrheiten des biblischen Wortes Gottes gegründet: Diese Welt hier ist unvollendet; die Dinge kommen in ihrer Endbestimmung, in dem, wozu Gott sie beruft, zu ihrer Wahrheit.

Es kommt nicht von ungefähr, daß sich die christliche Verkündigung heute wieder so stark auf das Osterereignis, die Aufertehung des gekreuzigten, toten und ins Grab gelegten Jesu konzentriert hat. Es kommt auch nicht von ungefähr, daß die Liturgie uns die Fastenzeit, den Beginn unseres „Aufstiegs nach Jerusalem", mit den Lesungen der Schöpfungsberichte aus der Genesis beginnen läßt und daß sie diese Lesungen in der Osternachtfeier wieder aufnimmt. Dies geschieht, weil es keine „zweite, neue und endgültige Schöpfung" ohne die erste gibt. Unser Glaube ist der Grund unserer Hoffnung. Er läßt uns die Welt und uns selbst in Abhängigkeit von diesem „Gott, dem Vater, dem Allmächtigen, dem Schöpfer des Himmels und der Erde" sehen, den wir zu Beginn unseres Credo bekennen. Der Gott, an den wir glauben, ist verborgen schon das Prinzip unserer gegenwärtigen Existenz. Derselbe Gott unserer

Hoffnung wird auf neue Weise, nunmehr in vollem Licht, das Prinzip einer erneuerten, strahlenden, dem göttlichen Urbild vollkommen entsprechenden Existenz sein.

Von hier aus betrachtet erscheint die gegenwärtige Welt als der erste Teil eines noch unvollendeten Werkes, worin ein zweiter angelegt ist. Dies ist sehr wichtig, wenn man über das schwierige Problem des Bösen nachdenkt, aber auch wenn man sich ernsthaft vorzustellen versucht, was Glaube an und Hoffnung auf den Himmel bedeuten. Dies zeigt ja, daß, wenn es ein „anderswo" gibt, dieses dem „hier unten" nicht fremd ist. Es ist dessen absolute, vom Bösen gereinigte Wiederaufnahme. Die Schrift spricht vom „neuen Himmel und der neuen Erde, die wir nach der Verheißung erwarten und in denen die Gerechtigkeit wohnen wird" (2 Petr 3,13). Später werden wir sehen, wie es Himmel schon hier unten geben kann und in welcher Kontinuität zum gegenwärtigen Leben er steht.

1. Zwischen Ursprung und Ziel

Die Bedingungen, unter denen sich das diesseitige Leben vollzieht, sind von bedeutenden Denkern, die wir zur Bestätigung unserer eigenen Reflexionen heranziehen wollen, gut formuliert worden. Kant hat gezeigt, daß unser sicheres, wissenschaftliches Wissen sich auf das erstreckt, was von Raum und Zeit bedingt ist. Doch dies sind Bedingungen, die trennen und isolieren. Was durch eine noch so kleine Entfernung von mir getrennt ist, ist mir nicht gegenwärtig. Bisweilen sind uns gerade unsere Nachbarn fremd. Es bedarf keiner großen Zeitstrecke, damit Dinge mir nicht mehr gegenwärtig sind. Ich vergesse schnell und übersehe kaum Kommendes. Es ist ein recht kleiner Teil der Wirklichkeit, der vorübergehend in die Aktualität meines Lebens tritt.

Menschen und Dinge sind uns äußerlich, fremd und feindlich. Wir leiden unter dieser Äußerlichkeit, da wir doch darauf angelegt sind, zu lieben und geliebt zu werden, und auf Harmonie, Einheit, Friede und Eins-sein aus sind. Doch die Dinge sind für uns undurchdringlich, sie verletzen und bedrücken uns oft. Menschen sind uns undurchdringlich, jeder legt sich eine Schale zu, um sein bißchen inneren Kern zu schützen. Doch wir stoßen uns an dieser Abwehrhaltung, ebenso wie sich der andere an der unseren stößt. Jeder bleibt Gefangener seiner selbst. Sartre, der Verfasser von „Huis-clos" (Bei geschlossenen Türen), hat erklärt: „Ich denke, daß Transparenz jederzeit das Geheimnis ersetzen sollte, und ich kann mir recht gut vorstellen, daß eines Tages zwei Menschen keine Geheimnisse mehr voreinander haben werden, weil sie vor niemand mehr Geheimnisse haben werden, weil einer dem anderen sein subjektives wie sein objektives Leben gänzlich geschenkt und dargeboten hat." Und auf die Frage seines Gesprächspartners: „Welches ist für Sie das Haupthindernis für diese Transparenz?" fuhr er fort: „Da ist zuerst das Böse. Ich verstehe darunter, daß das Handeln von unterschiedlichen Prinzipien bestimmt wird und somit zu Ergebnissen führen kann, die ich ablehne. Dieses Böse macht es schwierig, sich Gedanken mitzuteilen, weil ich nicht weiß, in welchem

Maß der andere bei der Bildung seiner Gedanken von denselben Prinzipien wie ich ausgeht."

Das ist die Sicht eines Philosophen, in seinen spezifischen Kategorien formuliert. Sie trifft sich mit der Erfahrung und Lehre christlicher Denker. Auf das berühmte Wort aus „Huis-clos": „Die Hölle, das sind die anderen" antwortet das von Bischof Antoine Bloom in seinem Vortrag über den Tod: „Die Hölle ... ist ein Ort, wo Gott nicht ist, der Ort radikaler Abwesenheit, wo uns nichts mit den anderen verbindet." Die geistlichen Schriftsteller haben oft diese Grundsituation des Gegensatzes und Konfliktes, der Unordnung und Verwirrung, die die unsere ist, angesprochen. Sie haben bisweilen dafür den Ausdruck „regio dissimilitudinis" verwendet, der eine „Welt der Unähnlichkeit", der Nicht-Transparenz und Mitteilungslosigkeit meint.

Bei Origenes findet sich ein interessanter, erhellender Gedanke. Wir erreichen oder betrachten nur die Mitte der Wirklichkeit, aber weder ihren Ursprung noch ihr Ziel; diese bleiben uns verborgen. Doch der Mensch fragt unvermeidlich danach. Woher kommen wir? Wohin gehen wir? Die Religionen bieten darauf eine Antwort, das ist sogar ihr ureigenes Gebiet. Es ist auch das Gebiet der Mythen: In der Form der Dichtung sagen sie, was *früher* war und wie es zu dem, was ist, gekommen ist. Sie sprechen weniger von dem, was *später* kommen wird. Doch das tägliche Leben läuft außerhalb dieser großen Fragestellungen ab. Und nicht nur dies allein, sondern auch die Wissenschaft, die Freizeit, das gesellschaftliche Leben, die Politik, sie alle spielen sich innerhalb *dieser* Welt ab, d.h. in der Mitte der Wirklichkeit zwischen ihrem Ursprung und ihrem Ziel. Der Endsinn der Dinge und des Lebens ist dabei ersetzt durch einen den Dingen und dem Leben selbst innewohnenden Sinn, der ihre inneren, zu Verabsolutierungen und Gegensätzen führenden Beschränkungen nicht überschreitet. Biblisch gesprochen heißt dies, der Welt des Scheins, nicht der Wirklichkeit, der Leere und Hohlheit, nicht der Fülle des Seins ausgeliefert zu sein (vgl. Röm 8,20).

2. Gott – alles in allem

Der Ursprung von allem ist die Großherzigkeit Gottes, der sich mitteilen und in gewisser Weise außerhalb seiner selbst existieren will; das Ziel von allem ist der gelingende Vollzug dieses Unterfangens: Man kann es Heil nennen, wenn man den Beiklang des Kämpferischen, Gefährlichen und Mühseligen an diesem Begriff nicht übersieht. Paulus bringt es in wenigen Worten, die zu den gewagtesten und tiefsten der gesamten Offenbarung gehören, auf die umfassendste Formel: „... damit Gott herrscht über alles in allem" (1 Kor 15,28). Darin besteht seine Herrschaft, dies ist das Prinzip des Himmels. Der Himmel ist ja, was uns betrifft, Leben in seiner höchsten Fülle, und von Gott her gesehen, nichts anderes als seine Gegenwart, seine Herrlichkeit, der vollkommene Glanz seiner Großherzigkeit. Er ist Gott selber, strahlend wie eine absolute Sonne, er ist das völlig vom Unendlichen durchdrungene und erleuchtete Endliche. Uns wird gesagt werden: „Tritt ein in die Freude *deines Herrn*" (Mt 25,21). Der Himmel ist in unserer spontanen Vorstellung das Symbol für Transzendenz: Was so hoch und erhaben ist, wird ganz von selbst zum Attribut der Gottheit ... John Robinson, der unsere räumlichen religiösen Vorstellungen „entmythologisieren" wollte, hat den Vorschlag gemacht, „oben" durch „innen" (das ebenfalls räumlich ist!) zu ersetzen [23]. Die Wirklichkeit ist umfassender und tiefer: „Oben" wird „innen". Der Himmel, der Gott in seiner Transzendenz ist, ist vollkommen immanent, „Gott alles in allem"!

„Adam, der Erste Mensch, wurde ein irdisches Lebewesen. Der Letzte Adam wurde lebendigmachender Geist" (1 Kor 15,45). In *dieser* Schöpfung müssen wir, um leben zu können, etwas von außen erhalten oder uns nehmen und sogar töten und zerstören. Wir empfangen unsere Kenntnis von den Dingen und sind insoweit ihnen unterworfen. Um leben zu können, nehmen wir Pflanzen und Tieren ihre Existenz und zerstören insofern ihr Leben. Dies ist die Lebenslogik des Ersten Adam. Selbst andere Menschen sehen wir nur im Bezug auf uns. Wir saugen gleichsam wie Vampire allem, was um uns ist, das Blut aus. Dies ist die Logik des „Fleisches". Die des Geistes ist umgekehrt: Sie nimmt nicht Leben, sondern gibt und strahlt es aus. Doch dazu muß der Ursprung der Dinge uns innerlich geworden sein. Augustinus hat dies unermüdlich betrachtet und gepredigt:

„Wir werden zu vollkommener Erfüllung und Befriedigung gelangen, doch durch unseren Gott. Alles, was im diesseitigen Dasein Gegenstand unseres Verlangens ist, wird er selber für uns sein. Wir schätzen Nahrung und streben nach ihr: Gott wird deine

Nahrung sein. Du verlangst hienieden nach fleischlicher Vereinigung: Mich mit Gott zu vereinen ist mein höchstes Glück. Du suchst hier Reichtum: Wie sollte dir etwas fehlen, wenn du den besitzen wirst, der alles gemacht hat? Und um dich durch die Worte des Apostels trösten zu lassen, schau, was er von jenem Leben sagt: ‚auf daß Gott alles in allem sei' (1 Kor 15,28).

Wir werden alle Gott gemeinsam anschauen, wir werden Gott zum gemeinsamen Besitz und zu unserem gemeinsamen Frieden haben. Denn alles, was er uns jetzt *gibt,* wird er selber für uns *sein* anstelle aller Gaben."

Freiheit besteht darin, keinem äußeren Zwang unterworfen zu sein, sondern sich selbst von innen her zu bestimmen. Dies läßt etwas von dem ahnen, was Paulus meint, wenn er zuerst von unserer irdischen Situation der Sklaverei und Vergeblichkeit und dann von der Hoffnung auf Frei-sein von Knechtschaft, „um in die Freiheit der Herrlichkeit der Kinder Gottes einzutreten" (Röm 8,21), spricht. Die absolute Freiheit der Kinder Gottes ist absolute Innerlichkeit. Sie ist „herrlich", weil die Herrlichkeit Gottes seine sich verströmende Gegenwart ist, die uns erfüllt und nach außen strahlt; das will der Heiligenschein aus Licht und Gold bedeuten, mit dem die Heiligen dargestellt werden. Dieses strahlende Licht ist Gott in seiner Gegenwart und insofern er als Prinzip allen Lebens, aller Erkenntnis, Liebe und Freude in uns anerkannt ist.

Maximus der Bekenner spricht in diesem Zusammenhang vom brennenden Dornbusch von Exodus 3,2, der brannte, ohne sich zu verzehren. Mose näherte sich diesem „Etwas", das durch eine innere Flamme brannte, ohne sich zu verzehren. Und Gott rief ihn an und offenbarte ihm seinen Namen: „Ich bin der ‚Ich-bin-da'; ich bin der, der sein läßt" (Ex 3,14). Jetzt läßt er uns existieren in einem vergänglichen Leben. Er, derselbe Gott, wird uns existieren lassen in absolutem Leben ... Folgendermaßen formuliert Hans Urs von Balthasar das Denken Maximus' des Bekenners mit vielen Verweisen auf dessen Schriften:

„Wie die Seele jedem Gliede ihres Leibes einwohnt, ihm anwest und es bewegt, so wird Gott in jedem Teil der Welt anwesen ... Die Welt ist nun restlos in Gott transfiguriert, ihre Totalität steht im Innenraum der Totalität Gottes; ihre Einheit begegnet der Ureinheit. Der Glanz der Gottesglorie überströmt sie, wie der Sonne Pracht die Sternenlichter überwältigt. Die teilförmigen Dinge überlassen sich in die Herrschaft der Ganzheit. Jeder für-sich-wollende Wille ist aufgehoben, weil das Geschöpf sich selbst nicht mehr angehören will. Es übersteht nur noch eine einzige Tätigkeit, *‚mia energeia'*, die Tätigkeit Gottes, und das eben wird höchste Freiheit sein. Das Sinnbild von brennenden Dornbusch wird dann voll verwirklicht sein: ‚dieses unsägliche Feuer, das übermäßige, das versteckt innen im Wesen der Dinge wie im Dornbusch' brannte, bricht dann hervor, aber nicht um die Welt zu verzehren, denn es bedarf keines tragenden Stoffes zum Brennen. Es wird ein Brand der Liebe im Innern der Dinge sein, und dieser Brand ist Gott selber." [24]

Ein Leben für die anderen

Wir möchten an dieser Stelle gern eine Theologie der Dankbarkeit für die Gnade entwickeln, jener höchsten und vornehmsten Fähigkeit der Seele, in der jeder Abstand zwischen dem, was wir empfangen, und dem, was wir geben, aufgehoben ist. Der Himmel wird Dankbarkeit sein. Doch dies würde uns zu weit führen; es wird, so Gott will, Gegenstand einer anderen Meditation sein. Dagegen ist es nötig, auf den Kern unseres jetzigen Gegenstandes zurückkommend, diese Gegenwart Gottes als den Ursprung einer totalen Kommunion zu erweisen. Der Himmel ist Kommunion. Denn wenn Gott alles *in allem* ist, wird das Feuer aus Licht und Liebe, das in jedem brennt, ohne ihn zu verzehren, d.h. ohne ihm seine jeweilige Personalität zu rauben, und das dasselbe in allen ist, zum Prinzip einer unendlich tiefen Gemeinschaft. Wir nennen sie die Gemeinschaft der Heiligen. Wir erleben sie in diesem Leben im Glauben auf geheimnishafte Weise; deshalb sprechen wir vom „mystischen Leib". Doch sie wird offenbar, völlig durchsichtig und klar werden in der „Herrlichkeit", in beseligender Liebe: Es ist dieselbe Liebe wie auf der Erde, denn „die Liebe vergeht nie" (1 Kor 13,8), doch sie wird sich in ihrer vollen Klarheit entfalten, da ihr Ursprung sich dann in vollem Licht und beherrschendem Glanz zeigen wird. Sartre sprach von Transparenz und sah sie scheitern da, wo Handlungen von verschiedenen Prinzipien bestimmt sind. Dort ist dann das Prinzip ein und dasselbe. Die Philosophen sprechen von der „Reziprozität des Bewußtseins". Genau das ist es: Transparenz und

Kommunikation, ein Leben der einen für die anderen, der einen mit den anderen.

Im Neuen Testament wird der Himmel oder das Reich Gottes dargestellt als eine harmonische, frohe Versammlung: als Gastmahl (Mt 8,11; Lk 13,29; 14,15), als Hochzeitsmahl (Mt 22,2 ff.; 25,1 ff.), als ein großer liturgischer Festzug (Offb 4,2–4; 5,11–14; 7,13–17; 14,1–5), als der solidarische Zusammenhalt einer Stadt, Jerusalems (Hebr 12,22; Offb 21,10; 22,15). Und Thomas von Aquin sagte, als er in seinem letzten Lebensjahr in der Fastenzeit das „vitam aeternam" des Credo auslegte: „Das ewige Leben besteht in der frohen Gemeinschaft aller Seligen. Diese Gemeinschaft ist überaus angenehm, denn jeder nimmt teil an allem Glück aller Seligen. Jeder liebt nämlich den anderen wie sich selbst, und deshalb freut er sich am Glück des anderen wie an seinem eigenen. Und so kommt es dann, daß die Freude und das Glück eines jeden vermehrt werden nach dem Maß der Freude aller."

Im Geist und im Feuer

„Die Liebe vergeht nie". Wenn sie im irdischen Dasein auch nicht die Seligkeit verleihende Form der Transparenz und der absoluten, von Raum und Zeit unbehinderten Gabe hat, erweist sie sich dennoch als gemeinschaftsstiftendes Prinzip; ihre Wurzel ist schon jetzt der Heilige Geist: „Die Liebe *Gottes* ist in unsere Herzen ausgegossen durch den Heiligen Geist, der uns gegeben wurde" (Röm 5,5). Sowohl die ökumenische wie die Jerusalemer Bibelübersetzung merken dazu an, daß es sich um die Liebe Gottes zu uns handelt, daß er ihr Subjekt ist. Was bedeutet dies? Nicht weniger als das Prinzip des Himmels ist uns schon gegeben. Wir sind schon neue Schöpfung, die die jetzige aufnehmen, vollenden und zur Erfüllung bringen soll (vgl. Gal 6,15; 2 Kor 5,17; Röm 6,4; 7,6). Dieses Leben ist für uns nur noch „mit Christus verborgen in Gott; wenn Christus, unser Leben, offenbar wird, dann werdet auch ihr mit ihm offenbar werden in Herrlichkeit" (Kol 3,3; Eph 2,19; 1 Joh 3,1 f.). Wir leben noch im Fleisch (2 Kor 10,3), doch in und durch Christus leben wir schon das Leben der Kinder Gottes.

In den Begriffen Origenes' können wir auch sagen, daß Ursprung und Ziel, die in Entsprechung zueinander stehen, in der Mitte, in der sich unser Leben vollzieht, schon gegenwärtig sind. Sie sind hier nur verborgen. Nur jene, die Gott kennen und lieben, sind sich dessen schon bewußt und sagen dafür Dank. Sie sind die Priester der Schöpfung, die Deuter des Seufzens, mit dem sie auf die Offenbarung der Kinder Gottes sehnsuchtsvoll wartet.

Die vollkommene Gemeinschaft, die die Zertrennung von Raum und Zeit überwindet, ist als ihr Prinzip der Heilige Geist, eine eschatologische Wirklichkeit. Doch ebenso wie er ist sie als Angeld gegeben. Ihr „Band der Vollkommenheit" ist die Liebe (Kol 3,14). Die Liebe läßt die anderen für mich existieren. Sie macht sie mir gegenwärtig trotz des Abstandes, der uns auch trennen mag. Schon übergreift sie Raum und Zeit, um alles „auf Erden wie im Himmel" (Kol 1,20), was Christus versöhnt hat, zu vereinen. Denn Christi wegen und durch den Heiligen Geist

hat, was im Himmel seine vollkommene Erfüllung finden und in vollem Licht erscheinen wird, schon hier seinen Anfang genommen im mystischen Leib. Da in ihm die Fülle der Gottheit wohnt (Kol 2,9), kann er alles in allem sein (3,11) und bewirken, daß Gott schon „über allem und durch alles und in allem ist" (Eph 4,6). Weit über das Sichtbare, das historisch und geographisch, in Raum und Zeit Greifbare hinaus ist die Katholizität des Leibes Christi ein Geheimnis: „Ich glaube die katholische Kirche". Die großen Scholastiker kommentierten diese Worte des Glaubensbekenntnisses, indem sie sie mit dem Artikel über den Heiligen Geist verbanden: Ich glaube an den Heiligen Geist, der die Kirche zur einen, heiligen, katholischen und apostolischen macht. Angesichts dieser geistlichen Wirklichkeit greifen so manche juridischen oder soziologischen Betrachtungen der Kirche zu kurz. Reale, wirklich erfahrbare Gemeinschaftsformen von Kirche sind jedoch auf der Ebene des konkreten, diesseitigen Lebens Annäherungen an das geistliche Ideal der Kommunion.

Indem wir uns den Dingen zuwenden, antizipieren wir in gewissem Grad das Ziel, auf das diese durch ihr Prinzip hingeordnet sind. Es gibt somit eine Kontinuität zwischen irdischer Existenz und Jenseits, kein absolut anderes „Irgendwo". „Himmel und Erde können, wie mir scheint, zwei verschiedene Bedingungszusammenhänge bezeichnen, unter denen vom einen und selben menschlichen Leben zu sprechen ist; zugleich kann der eine Zusammenhang den anderen erhellen, nämlich die zeitliche Seinsweise des irdischen Menschen seine ewige und umgekehrt."[25]

Wir sind durch die Taufe Jesu „mit Heiligem Geist und mit Feuer“ (Mt 3,11) getauft. Dieser Geist ist das Prinzip unserer Gemeinschaft, da er als Beherrscher von Raum und Zeit und als im Innern der Menschen wirkende Kraft sie transparent füreinander macht und sie in Liebe miteinander kommunizieren läßt. In seiner Einheit werden im Himmel und schon auf dieser Erde dem Vater mit und in Christus „alle Herrlichkeit und Ehre“ erwiesen.

ANMERKUNGEN

[1] Erschienen im Verlag Editions du Cerf in der Reihe „Chrétiens de tous les temps".

[2] Französische Originalausgabe: Je crois en l'Esprit Saint I–III, Paris 1979/80; deutsche Übersetzung: Der Heilige Geist, Freiburg – Basel – Wien 1982.

[3] Paris: Editions du Cerf 1974.

[4] Vgl. unten S. 97.

[5] Vgl. Klemens von Alexandrien, Strom. I, 19, 94,5 und II, 15, 70,5.

[6] Eis autem Dominus foris et praesens aderat et quis esset non ostendebat (...) Probandi erant si hi, qui eum etsi necdum ut Deum diligerent, saltem ut peregrinum amare potuissent. (PL 76, 1182).

[7] S.th. I–II q. 96 a. 5 ad 2: Tamen hoc ipsum est de ductu Spiritus Sancti quod legibus humanis subdantur.

[8] Vgl. Y. Congar, Der Heilige Geist, Freiburg – Basel – Wien 1982, S. 418ff.

[9] Ebd. 419.

[10] Vgl. ebd. 100.

[11] Vgl. R. Rouse/St. Ch. Neill, Geschichte der Ökumenischen Bewegung 1517–1948, 2 Bde., Göttingen 1957/58, Bd. I, S. 422–482.

[12] La Maison-Dieu 20 (1950).

[13] La Maison-Dieu 40 (1954).

[14] La Maison-Dieu 57 (1959).

[15] La Maison-Dieu 60 (1969).

[16] Dekret über die Hirtenaufgabe der Bischöfe in der Kirche „Christus Dominus" vom 28. Oktober 1965, Nr. 11, 1: „Die Diözese ist der Teil des Gottesvolkes, der dem Bischof in Zusammenarbeit mit dem Presbyterium zu weiden anvertraut wird. Indem sie ihrem Hirten anhängt und von ihm durch das Evangelium und die Eucharistie im Heiligen Geist zusammengeführt wird, bildet sie eine Teilkirche, in der die eine, heilige, katholische und apostolische Kirche wahrhaft wirkt und gegenwärtig ist."

[17] Orig.: Jalons pour une Théologie du laïcat, Paris: Les Éditions du Cerf 1952; deutsche Ausgabe: Der Laie. Entwurf einer Theologie des Laientums, Stuttgart ^{2}1957.

[18] Vgl. SC Nr. 1, 21, 23, 62, 68.
[19] La Lettre 120–121 (August-September 1968), S. 1–3.
[20] Malcolm Muggeridge, Something Beautiful for God, 1971; dt. Mutter Teresa. Leben und Wirken der Friedensnobelpreisträgerin, Freiburg – Basel – Wien 1977 u. ö. (Herder Bücherei 628), S. 25 ff.
[21] Max Scheler, Vorbilder und Führer, in: ders., Schriften aus dem Nachlaß, Bd. I, 2., durchgesehene, erw. Aufl., hg. von Maria Scheler, Bern 1957.
[22] Le Monde vom 19. Juli 1968. Ähnliche Äußerungen bei entsprechenden Gelegenheiten stammen von Herrn Sanguinetti, dem Abgeordneten der UDR für das Département Haute Garonne (Le Monde vom 22. Juni 1971) sowie vom Admiral de Joybert, der den Bischöfen gegenüber äußerte: „Ihr Beruf, Hochwürden, ist, den Glauben zu lehren und die Liebe zu verbreiten. Diese Aufgabe ist, wie mir scheint, schwierig genug: Um Gottes willen, beschränken Sie sich darauf und überlassen Sie es dem Staat, der die geistlichen Werte respektiert, die seine wahrzunehmen" (Le Figaro vom 14./15. Juli 1973).
[23] J. A. T. Robinson, Honest to God, 1963, dt. Gott ist anders, München 1963 u. ö.
[24] H. U. von Balthasar, Kosmische Liturgie. Das Weltbild Maximus' des Bekenners, Einsiedeln ^{2}1961, S. 353 f.
[25] B. Rioux, Les Mutations de la foi chrétienne, Montreal 1974, p. 79.

Quellenverzeichnis

Einleitung: Laßt Gott Gott sein oder Ives Congar und das Gebet, Erstveröffentlichungen in: Prier, April 1981.

1. Die Psalmen in meinem Leben: La Vie spirituelle, November/Dezember 1975.
2. Begegnung als Geheimnis: M. Seckler (Hrsg.), Begegnung. Beiträge zu einer Hermeneutik des theologischen Gesprächs (FS Heinrich Fries), Graz – Wien – Köln 1972, S. 123–130.
3. Gottes Wort in Vergangenheit und Gegenwart: Cahiers Saint-Dominique, 1978.
4. Aktualität der Pneumatologie: Proche-Orient chrétien, 1973.
5. Theologie des Heiligen Geistes und charismatische Erneuerung: La Vie spirituelle, September/Oktober 1981.
6. Über die liturgische Versammlung: La Maison-Dieu, 1973.
7. Liturgische Feier und Zeugnis: Cahiers Saint-Dominique, Juni 1976.
8. Der Himmel – brennender Dornbusch der Welt: La Vie spirituelle, Januar 1977.

Das Hauptwerk Yves Congars:

Der Heilige Geist

Ein reifes und klassisches Werk

„Unentbehrlich für jeden, der sich heute ein Urteil über die Probleme der Pneumatologie bilden will."
(Prof. Wolfhart Pannenberg, München)

„Dieses Werk ist von dem dem Autor eigenen Charisma einer Glaubensrede geprägt, die das geschriebene, abgeschlossene Wort dauernd in das unendlich offene Leben des Geistes hinein übersetzt, so daß das Wort nicht zum tötenden Buchstaben und der Geist nicht zum Prinzip der Selbstherrlichkeit entarten kann. Es ist, wie mir scheint, eine gewichtige Synthese von Rationalität und Spiritualität, eines der bedeutendsten Werke über den Heiligen Geist, die in den letzten Jahrzehnten erschienen sind."
(Prof. Helmut Riedlinger, Freiburg)

„Dieses Buch enthält vielfältige aus Schrift und Tradition geschöpfte Impulse für ein Christsein in der Kirche von heute ... Beides, die historisch-systematische Zusammenschau wie die aktuelle kirchliche Perspektive machen das Buch zu einem höchst nützlichen Nachschlagewerk."
(Lebendiges Zeugnis)

512 Seiten, gebunden. ISBN 3-451-19425-2

Verlag Herder Freiburg · Basel · Wien